MARTIN ZINGSHEIM

ELTERN HAFTEN AN IHREN KINDERN

KEIN Ratgeber

ÜBERLEBEN MIT NACHWUCHS

Ullstein

Besuchen Sie uns im Internet:
www.ullstein-taschenbuch.de

Originalausgabe im Ullstein Taschenbuch
1. Auflage Dezember 2016
© Ullstein Buchverlage GmbH, Berlin 2016
Satz: KompetenzCenter, Mönchengladbach
Gesetzt aus der Sabon Roman
Druck und Bindearbeiten: CPI books GmbH, Leck
Printed in Germany
ISBN 978-3-548-37658-5

Für meine drei Lausbuben

Inhalt

1.

Menschenskinder
Oder: »Papa, kannst du gar nicht mit Stiften schreiben?«

Kinder gibt es viele. Bücher auch. Trotzdem machen irgendwelche Leute andauernd neue. Offensichtlich ist also beides nur recht schwer zu vermeiden. Zuversichtlicher bin ich persönlich im Hinblick auf Kinder, da sie sich im Gegensatz zu Büchern deutlich schlechter durch digitale Medien ersetzen lassen. Obwohl, wer weiß.

»Hallo, ich habe drei Kinder. Und Sie?«

»Glückwunsch, ich habe vier iPhones.«

»Toll!«

Ich selbst habe drei. Also Kinder. Bücher wahrscheinlich auch. Zumindest wirklich und wahrhaftig gelesene, durchstudierte, aufgesogene, liebgewonnene. Auch hier herrscht eine gewisse Verwandtschaft. Bücher wie auch Kinder kennt man in der Regel irgendwie haufenweise, ja massenhaft, aber eine tiefe Verbindung hat man lediglich zu einigen wenigen und auch erst dann, wenn es schon zu spät ist, also nachdem sie das eigene Leben komplett über den Haufen geworfen haben.«[1] Was ja wohl auch der Sinn ist. Sowohl von großer Literatur als auch von kleinen Menschen.

Dieses Buch ist unterteilt in mehrere thematische Kapitel, was in jedem Fall einer Beschönigung gleichkommt, da im Zusammenhang mit Kindern immer alles gleichzeitig und entgegen erwachsenen Ordnungsvorstellungen vonstattengeht. Davon handelt dieses Buch: vom chaotischen Zauber, den die verrückten Winzlinge in das Leben pseudokompetenter Erwachsener bringen. Die fraglos viel zu steile These lautet daher: Die Welt mit den Augen der Kinder zu sehen bedeutet weder Naivität noch schlichte Einfachheit, sondern die Auseinandersetzung mit den existentiellen Fragen unseres Daseins: Wer bin ich? Was kann man alles essen? Wer hat die Erde gemacht? Und warum sind eigentlich immer nur die eigenen Pupse lustig?

Sämtliche von mir zitierte Experten sind im Übrigen ausnahmslos ehrlich. Ehrlich in dem Sinne, dass ich sie mir ganz ehrlich selbst ausgedacht habe. Fußnoten sind quasi die Sportwagen der Intellektuellen. Braucht niemand, machen aber ganz schön was her.

Ein Leben mit kleinen Kindern bietet die Möglichkeit, unser absurdes Welttheater in mikrokos-

---

1   Frederick Planlos: *Nachkommenschaft. Eine humanitäre Katastrophe?* Bielefeld 1998, S. 17

mischen Dimensionen zu studieren. Wer sich dafür interessiert, ob und wenn ja, inwiefern Sprechen und Denken überhaupt miteinander zu tun haben, wer sich für Existenzkämpfe und emotionale Zusammenbrüche, für herzzerreißende Liebesgeschichten, für Ausgrenzung und Versöhnung, für unbändige Freude und fundamentale Zerstörung interessiert, der sollte mal einen Spielplatz aufsuchen. Dort ereignet sich das ganze Drama des Lebens. Nur in lustig. Bitte achten Sie insbesondere als Mann darauf, stets selbst ein Kind dabeizuhaben. Das kommt sonst sehr komisch. Leihen Sie sich zur Not eines aus.

Natürlich liegt es nahe zu denken, ich hätte im Hinblick auf dieses Buch meine Söhne intensiv beobachtet und eingehend über sie nachgedacht. Und das stimmt ja auch. Viel mehr aber noch habe ich aufgrund meiner Kinder über mich selbst, mein Denken, mein Sprechen und mein Handeln in der Welt nachdenken müssen. Das werde ich den dreien niemals vergessen. Meinen Kindern ist dieser Umstand im Zweifel ziemlich wurscht.

»Nichts ist so wichtig, als dass es einem Kind nicht im Zweifel mal komplett egal sein könnte.« Nikola Luhrau: *Individualisiert perspektivierte Weltwahrnehmung als Brennpunkt unumgänglicher Kontingenz.* Frankfurt a. M. 1967, S. 4522

Kinder ermöglichen einem also vor allem eines: Freiheit. Freiheit von der eigenen, lediglich gefühlten Wichtigkeit. Insofern geht es im Folgenden gewissermaßen um den 27-Jährigen, der drei Kinder bekam und verschwand. Nicht als Mensch, aber als ein primär um sich selbst kreisendes Individuum.

Der ein »Überleben mit Nachwuchs« thematisierende Untertitel dieses Buches suggeriert wenig subtil, dass es sich bei Kindern nicht nur, aber auch um Probleme handelt. Und das ist korrekt so. Ich allerdings finde Probleme toll. Grundsätzlich sind mir Menschen mit Problemen auch weitaus sympathischer als Leute mit Lösungen. Die sind ja meistens das eigentliche Problem. Ein Problem zu haben ist die meines Erachtens sinnvollste Einstellung zur Welt, denn sie bedeutet, dass man Interesse an Lösungen hat. Insofern bin ich voll und ganz bei Tucholsky, wenn er sagt: »Meine Probleme möchte ich haben.« Möchte ich nämlich wirklich. Kinder haben ständig Probleme. Täglich. Und zwar mit fast allem. Deshalb kann man so viel von ihnen lernen.

Üblicherweise beginnen Bücher mit Vorworten, denn wir Menschen scheinen eine Phase des Übergangs zu benötigen, bevor wir mit etwas richtig loslegen. Mit Kindern ist es ganz ähnlich. Folgte die Geburt mit zum Beispiel nur neunminütigem Abstand auf den Geschlechtsverkehr, so wären sexuelle Höhepunkte und Panikattacken wohl zeitgleich einsetzende Phänomene. Stattdessen hat aber die Natur vor die Geburt, diesem eigentlichen Startschuss in ein neues Leben voll dauerhafter Liebe und permanentem Wahnsinn, eine Art vierzigwöchiges Vorwort geparkt. Dass dann doch alles völlig anders kommt, ist anscheinend gewollt und bei Büchern im Übrigen nicht viel anders.

Wie ich hörte, müssen sich Autorinnen und Autoren für die Herstellung von Büchern häufig in konzentrierte Abgeschiedenheit zurückziehen. So etwas macht mir Angst. Fünfzehn Jahre schottisches Kloster für einen Bestseller? Das ergibt kaum Sinn. Es sei denn, man schreibt ein Buch über schottische Klöster. Reichen stattdessen nicht auch vier Nächte im Etap-Hotel Dortmund-West? Reduktion aufs Wesentliche findet man schließlich überall.

Für mein Buch musste ich überhaupt nicht ausziehen. Das war schon mal von Vorteil. Statt in die Einsamkeit zu gehen hieß es, nahe dran zu sein beziehungsweise zu bleiben und alles aufzusaugen. Am besten steht man für solch ein Schreibprojekt permanent mit Laptop, Handy und Tablet bewaffnet an der Wiege oder neben dem Sandkasten. Das ist zumindest deutlich besser für den familiären Zusammenhalt als fünfzehn Jahre Schottland. Man braucht halt relativ strahlungsresistente Kinder. Oder man steigt auf Stift und Papier um.

In vorliegendem Buch wurde hier und da genderneutral formuliert. Wenn ich Eltern schreibe, so meine ich stets alles und jeden, der sich alleine, zu zweit, zu dritt, als Mama, als Papa, als Mama und Papa, als Papa und Papa, als Mama und Mama oder sonst wie um das Wohlergehen der ihm und/oder ihr anvertrauten Kinder kümmert. Die Geschichte von Eltern als ausschließlich Mamas und Papas ist neben zahllosen erfreulichen Erfahrungen auch eine von Gewalt und Missbrauch geprägte Geschichte. Wovor bitte haben also jene Menschen Angst, die beispielsweise gleichgeschlechtlichen Paaren Erziehungs- und damit Liebes-, Sorgfalts- und Reflexionskompetenz absprechen?

Es kann, nein, es wird passieren, dass ich mir im Verlauf dieses Buches selbst widerspreche. Aber das Leben ist eben voller Widersprüche. Hat man eigenen Nachwuchs, kennt man diese unauflöslichen Paradoxien nur zu gut. Man liebt die Kinder über alles, sie sind das Schönste und Beste überhaupt – und dennoch ist es so unendlich toll, wenn sie gerade mal weg sind. An ihnen haften tut man selbstredend trotzdem immer und unabänderlich. Hat man das Glück, als Eltern zu zweit zu sein, handelt es sich zumindest nicht um Einzelhaft. Übrigens wären meine Frau und ich, wie viele andere Eltern auch, sehr, sehr gerne alleinerziehend. Aber es mischt sich ständig jemand ein: Freunde, Bekannte, Stiftung Öko-Test und hoffentlich nicht bald auch noch das Jugendamt.

Ach ja, was außerdem wichtig ist: Dieses Buch ist kein Fachbuch. Nicht dass es schlecht recherchiert wäre. Es ist gar nicht recherchiert. Und es ist kein Ratgeber. Machen Sie also bitte nichts nach. Sonst fahren wir nach Hause!

Meines Erachtens eine beeindruckende zeichnerische Reduktion aufs Wesentliche. Und übrigens eine Fledermaus.

2.

»Komm, sag mal Pantoffel.« – »Poffel!«
Kinder und Sprache

Erstaunlicherweise sprechen Kinder. Zwar nicht sofort, dann aber ständig und eigentlich nie wieder nicht. Erwachsene sprechen selbstredend auch, was einem aber selten und wenn, dann lediglich negativ auffällt. Das Sprechen kleiner Kinder dagegen ist eine mittelschwere Sensation und wird daher völlig zu Recht vom parentalen wie auch sonstigen Umfeld durch Eruptionen der Verzückung flankiert.

Achtung: Auch bei plötzlich quatschenden Kindern kommt es ab und an zu einer Art Vorführeffekt. Dann erwidern schon Ein- bis Zweijährige auf die Aufforderung: »Komm, sag mal schön ›Hallo, Tante Gertrud!‹« in der Regel so etwas wie: »Hoho, tut, tut.« Reicht ja auch, Gertrud freut sich nämlich trotzdem. Erst nach und nach mischt sich in die elterliche Begeisterung infolge rätselhafter Dauerbeschallung das ein oder andere: »Kannst du bitte mal kurz leise sein?« Blöde Frage – natürlich kann er das. Aber eben nur kurz. Klar, bei drei kleinen Kin-

18

dern daheim ist dann immer irgendeiner am Plärren oder Schreien. Aber man sollte das positiv sehen, denn nahezu nie schreien alle drei gleichzeitig.

Kaum etwas wird so gebannt und geradezu hysterisch begeistert von Eltern begleitet wie der kindliche Spracherwerb, auch wenn schon wenig später vor allem Ruhe und Stille zu herbeigesehnten Luxusgütern avancieren. Bevor Kinder zu sprechen beginnen, sind sie von gewissermaßen außerirdischer Rätselhaftigkeit, von fast extraterrestrischer Faszination. Wir vermeintlich großen Leute sind es ja gewohnt, die Welt mit den Werkzeugen halbwegs passender Begriffe zu bearbeiten, und verstehen praktisch nichts ohne verbale oder schriftlich eingereichte Erläuterungen. Angesichts von neugeborenen Erdenbürgern kann man da schon mal anerkennend denken: »Och, guck mal … geht ja auch ohne, ne!«

Auf der anderen Seite steht die sprachlos machende Sprachlosigkeit von Babys auch für deren existentielle Hilfs- und Schutzbedürftigkeit. Die endet meiner Meinung nach übrigens nicht mit dem Erwerb der Sprache, sondern hält in etwa an bis Mitte achtzig. Es sei denn, man lebt länger.

Die ehrfürchtige Sprachlosigkeit von Eltern hält dagegen zumeist nur sehr kurz an. Denn bald schon sitzen sie einzeln, zu zweit oder in beachtlichen Großgruppen vor den kleinen Fuzzis wie vor einer Kinoleinwand und lassen sich dazu hinreißen, jede Regung, jedes Glucksen, im Wortsinne jeden Pups zu kommentieren, zu reproduzieren und ausgiebig zu interpretieren. Ja, das macht großen Spaß, hat im Zweifel jedoch nichts – ich wiederhole: nichts! – mit dem tatsächlichen Innenleben, den wahrhaftigen Auffassungen, Meinungen und Ansichten von vier Tage alten Menschlein zu tun.

Zugegeben, lediglich Erstgeborene werden auf diese Weise angestarrt. Bei allen weiteren Nachkommen fehlt für so einen Quatsch schlichtweg die Zeit. Ein drittes Kind beispielsweise rutscht häufig erst nach mehrstündigem Gebrüll überhaupt in den peripheren Aufmerksamkeitsbereich der Eltern. Ist wahrscheinlich auch gesünder – für beide Seiten. Ein Kinderarzt sagte einmal zu mir: »Herr Zingsheim, erst die vierten Kinder sind normal.« Jetzt habe ich zwar bislang nur drei, muss aber sagen: Das kann ich so bestätigen.

Das Phänomen des Sprechenlernens ist vielleicht das Paradebeispiel für den grundsätzlichen Effekt, den Kinder auf das Leben bereits ordentlich gealterter Menschen haben: Vermeintlich Unbedeutendes, völlig Alltägliches, nie eigens Bedachtes wird mit einem Mal schier unglaublich und geradezu umwerfend. Insofern haben Kinder eine mitunter philosophisch zu nennende Wirkung, die man nicht verpuffen lassen muss. Durch Kinder nämlich wird diese Welt automatisch wieder rätselhaft, wundersam und erstaunlich. Wenn man selbst miterlebt, wie aus nicht zu deutendem Geschnorchel und obskurem

Gefiepe nach und nach artikulierte Laute, dann halbwegs zuordenbare Wortfetzen, mehrsilbiges Gebrabbel und schließlich mehrstündige Laberflashs von fast nachvollziehbarer Verständlichkeit werden, kann man dies zum Anlass nehmen, auch mal über sein eigenes Gequatsche nachzudenken. Muss man aber nicht. Denn: »Och, guck mal… geht ja auch ohne, ne!«

Kann man denn überhaupt sagen, was man denkt? Wir gehen in der Regel so mir nichts, dir nichts davon aus, dass dem so ist. Aber müssen wir nicht, um zu verstehen, was wir denken, erst einmal hören, was wir sagen? Und oft genug denken wir hinterher genau das, was wir gerade gehört, also: gesagt haben, um im Zweifel jemandem, der das gar nicht hören will, sagen zu können, was wir gerade denken. Na bravo!

Dabei scheinen wir ständig in Sprache zu denken, automatisch. Du siehst ein Auto und denkst: »Auto!« Du siehst einen Ball und denkst: »Ball!« Du hörst Florian Silbereisen und denkst: »Das nervt doch total!«

Ehrlich gesagt aber verändern sich unsere Gedanken ganz gehörig auf ihrem mühsamen Weg durch die Sprache, so wie sich auch die Welt nicht mit Hilfe von Sprache abbilden lässt, sondern sich durch sie verwandelt, ja uns fast schon wieder zwischen unseren vielen, vielen schönen Wörtern entgleitet. Es macht schon einen Unterschied, ob man samt Sohnemann am Fenster steht und angesichts des strömenden Regens sagt: »Meine Fresse, was für ein Sauwetter!« Oder stattdessen feststellt: »Guck mal, mein Schatz, heute freuen sich aber alle Blümchen, weil sie so viel zu trinken kriegen.« Worte schaffen Wirklichkeiten.

Meine Kinder können klasse quatschen. Und sie haben fraglos ein reiches Innenleben. Jedenfalls vermute ich das. Und würde gern viel mehr davon erfahren. Oft aber sagen sie schlicht und ergreifend: »Weiß ich nicht«; »Hab ich vergessen«; »Keine Ahnung«, wenn ich mal etwas wissen will. Sie mühen sich also ordentlich mit dieser Barriere zwischen Denken und Sprechen, die Erwachsene selten überhaupt wahrnehmen.

Kinder sind darüber hinaus ehrlicher. »Weiß ich nicht«; »Hab ich vergessen«; »Keine Ahnung« – das sollte auch ich viel häufiger mal sagen, wenn das, was in mir vorgeht, sich sprachlich ohnehin nicht wirklich gut ausdrücken lässt. Allerdings haben Erwachsene ein Füllhorn gut sortierter, ständig frisch bestückter verbaler Floskeln zur Hand beziehungsweise auf der Zunge, mit dem sie ständig sagen, was sie angeblich denken. Da antwortet manch einer schon mal auf ein »Und? Wie geht es dir?« flott mit »Ach ja, alles okay so weit«, obwohl die mentalen Prozesse eher einem »Ich hasse dich und werde mich morgen scheiden lassen« entsprechen. Kinder würden fraglos sogleich die Scheidung einreichen – weshalb man sie ja auch auf gar keinen Fall verheiraten sollte.

Wenn Kinder tatsächlich einmal exakt das äußern, was sie denken, merkt man das übrigens sofort.

Vater: »Guck mal, mein Schatz, hier ist noch Lauchgemüse.«

Kind: »Bäh!«

Respekt! So etwas traue ich mich selten zu sagen, selbst wenn ich es gerade denke beziehungsweise schmecke.

Das große Glück, das man als Elternteilchen empfindet, wenn das eigene Kind vom putzigen akustischen Geblubber ins sogenannte vernünftige Sprechen gleitet, hat, glaube ich, zwei Seiten. Mindestens. Wenn nicht sogar vier.

Zunächst einmal ist da der bereits erwähnte Zauber, der dieses Phänomen umweht. Selbst hat man gar nicht viel mehr dazu beigetragen, als eben andauernd zu sprechen und im besten Falle liebevoll auf den jeweiligen Winzling einzureden. Ob er sich tatsächlich deswegen oder vielmehr trotzdem dazu entschlossen hat, selbst auch einmal ein bisschen Small Talk betreiben zu wollen, lässt sich nicht mit letzter Sicherheit sagen. Irgendwie erscheint wohl selbst einem noch sehr, sehr kleinen Kind das Benutzen von Wörtern lohnenswert, was angesichts der verbalen Auswürfe einiger Eltern ebenfalls einem Wunder gleichkommt. Etwas wie »Ja, bissu mein feinifeiner Stinkibinki?« kam auch mir gelegentlich über die Lippen. Richtig peinlich wird es allerdings erst, wenn man damit beginnt, auch das erwachsene Umfeld auf solche Weise zu begrüßen. Cocktailabende mit alten Freunden können dann sehr schnell sehr früh und sehr unschön enden.

»Ja, hallololo, Stefanchen, mein liebilieber Schulifreundi!«

»Oh, Martin, Mensch, schon so spät geworden, ich muss dann auch los ...«

Zweitens geht mit dem auf einmal sprechenden Mops noch ein weiteres, eher zwiespältiges Gefühl einher. Man kann noch so reflektiert an die Sache herangehen, unweigerlich denkt man angesichts der ersten korrekt hervorgebrachten Worte selbst unsinniges Zeug wie: »Oh, mein Gott, es ist normal!« – »Schatz, schau her, es funktioniert! Das Kind ... es hat funktioniert!« Im Falle solch angstgesteuerten Unfugs gilt die alte Regel: Manchmal ist leise denken deutlich besser als laut sprechen. Natürlich weiß man als halbwegs zurechnungsfähiges Personal von Kindern, dass alle Kinder normal sind. Beziehungsweise kein Kind. Nur weil wir im alltäglichen Kommunizieren Wörter wie »normal« und »Normalität« andauernd be-

»Normalität ist vor allem ein schlecht zu definierender Kampfbegriff, der zum Kategorisieren, Pauschalisieren und Ausgrenzen von Humanmaterial dient, und insofern mit Vorsicht zu benutzen. Oder am besten gar nicht.« Petra Slot von Dijk: *Total normal. Uniformität als Bedingung gesellschaftlicher Akzeptanz.* Wien 2021, S. 4869

nutzen, heißt es noch lange nicht, dass es so etwas tatsächlich gibt.

Aber wir leben schon weitgehend im Zustand einer gewissen Normalität. Das merkt man, wenn man sich bewusst ganz anders, im Sinne von unnormal verhält. Setzen Sie sich mal in einen ICE und legen vor sich auf Ihr Tischchen ein Klappmesser und ein paar Tabletten und murmeln vor sich hin: »Einer dieser Meinungsforscher wollte mich testen. Ich genoss seine Leber mit ein paar Fava-Bohnen, dazu einen fabelhaften Chianti.« Da haben Sie augenblicklich noch mehr Platz als die in der ersten Klasse. Wenn Sie ohnehin schon erster Klasse reisen, können Sie sich die ganze Aktion natürlich sparen, haben aber weitaus weniger Spaß.

Außerdem hält sich meines Erachtens notwendigerweise jeder für normal. Und wahrscheinlich zudem auch stets für den Mittelpunkt des Universums. Ich glaube nicht, dass wir jemals ein ptolemäisches oder kopernikanisches Weltbild hatten. Uns beherrschte in Wahrheit immer schon ein seehofereskes.

Ein solches seehofereskes Weltbild können Sie übrigens genauso als Nichtbayer oder Nichtbayerin ganz gut imitieren. Sie brauchen an einem freien Nachmittag nur mal eine Kiste Weizen ganz alleine wegzuzischen – und schon schauen auch Sie sich um und denken: »Och, guck mal, schön! Alles, alles, alles dreht sich um mich!«

Normalität gibt uns ein Gefühl von Sicherheit.

Aber es ist eben nur ein Gefühl. Und häufig ist die Normalität, nach der sich viele scheinbar so sehr sehnen, die wahre Gefahr. Immer, wenn irgendwo jemand seinen Nachbarn angezündet oder seine Cousine zersägt und eingefroren hat, sagen hinterher alle im RTL-Interview bei *Punkt 12*: »Der? Och, der war eigentlich immer total normal, voll normal, ein bisschen ruhig vielleicht …« Ja genau: Normal und ruhig, das sind wahrscheinlich die richtig Gefährlichen. Sollten wir wohl mal im Auge behalten, solche Leute, die so schrecklich normal und korrekt daherkommen.

Ich ertappe mich von Zeit zu Zeit selbst bei einer seltsamen Freude über die vermeintliche Korrektheit meiner Kinder und bin umgekehrt manchmal deplatziert dünnhäutig, wenn sie ganz anders ticken, als ich dachte, dass sie jetzt gerade bitte schön ticken sollen. Vielleicht muss man sich in so einem Fall flott wieder bewusstmachen: Ruhig und normal wäre gefährlich! Und: Sie funktionieren nicht! Kinder sollen gar nicht funktionieren. Menschen ganz allgemein sollte man nicht abverlangen, zu funktionieren. Sonst läge schließlich eine Bedienungsanleitung bei. Liegt sie aber nicht. Kommt man auch nicht dran, selbst wenn man beim Hersteller nachhakt.

Udo Jürgens singt auf seiner letzten Platte: »Gebt den Kindern ihr Recht. Lasst sie wild sein und echt.« Das ist gar nicht so leicht, Udo. Denn in der albernen Sorge um die Pseudonormalität unserer Fuzzis wiederholt sich vor allem unsere eigene schissige Abhängigkeit von Fremdbewertungen, unser oftmals schlecht reflektiertes Sehnen nach Anerkennung, Lob und Dazugehörigkeit. Mittendrin statt nur dabei, und in der Mitte von was und wem ist dann ja häufig auch egal. Und selbstredend gehört positive Sanktionierung von Richtigkeiten zum Kern jeder wohlmeinenden Erziehung.

Ich persönlich mag übrigens den alten Trick, das Kind nicht mit einem energischen »Nein« sprachlich zu korrigieren, sondern, positiv reagierend, das Wort selbst noch einmal korrekt zu wiederholen.

Kind: »Tindanahten.«

Vater: »Genau, wir fahren gleich in den Kindergarten!«

Das sollte man eventuell auch im Umgang mit Erwachsenen mal versuchen.

»Fick dich, du Pisser!«

»Ja, genau. Unser Gespräch ist bereits jetzt beendet.«

Hilft vielleicht. Könnte jedoch genauso gut zu noch mehr Problemen führen.

Sprache ist immer ermöglichte Freiheit und Korsett zugleich. Folgende Unterhaltung zwischen meinem Sohn (vier Jahre alt, gerade in der Badewanne sitzend) und meiner Mutter (etwas älter, gerade nicht in der Badewanne sitzend) ist überliefert:

Kind, mit einem kleinen Trichter spielend: »Das ist ein Filter!«

Oma: »Also, eigentlich nennt man das Trichter.«

Kind: »Ich nenne es aber Filter ... jeder ist sein eigener Mensch!«

Ach, wenn er nur recht hätte! Ich hoffe, er wird niemals versuchen, frisch gemahlenen Kaffee in eine Trichtertüte zu schütten oder an einer Trichterzigarette zu ziehen.

Drittens führt das Sprechenkönnen von Kindern nicht nur zu einer zunehmenden Vertrautheit miteinander, da man ja jetzt viel mehr und viel präziser kommunizieren kann, sondern gleichzeitig auch zu einer voranschreitenden Entfernung voneinander. Sicherlich, in den ersten Worten und holprig nachgesprochenen Sätzen erkennt man als Eltern mit etwas Wohlwollen noch den jeweils eigenen Input. Sprechen ist in Wahrheit lange Zeit erst einmal ein Nachsprechen der Eltern oder sonstiger emotional komplett ausgetickter Bezugspersonen wie Omas und Opas.

»Omelellaah!«

»Martin, er hat zum ersten Mal meinen Namen gesagt!« (O-Ton Oma Hella).

(Für die Ämter der Stadt Köln: Meine Mutter Helene Zingsheim hat einen weiteren Namen: Omelellaah. Wusste ich gar nicht. Sie wird einen neuen Perso brauchen.)

Mit der Zeit und spätestens im Kindergarten gewinnen zahlreiche, einem mitunter nicht sonderlich vertraute Menschen sprachlichen Einfluss auf das eigene Kind.

»Papa, der Franz hat aber auf der Toilette ›Scheiße‹ gesagt!«

Ja, toll. Vielen Dank auch, Franz. Wobei, ganz unrecht hat Franz natürlich nicht. Und bei Sätzen wie »Ja, ich verstehe, mein Schatz, wir hier zu Hause sagen aber lieber ›Häufchen‹ dazu« möchte ich persönlich lieber nicht belauscht werden. Da heißt es im Zweifel: Loslassen und sich verabschieden – also nicht gleich vom Kind, sondern davon, dass die eigenen Kinder nur durch einen selbst geprägt werden.

Wäre ja auch fatal, oder? Für Eltern wie auch für Kinder. Man stelle sich vor, man lebe in einer Welt voller Sozialklone. Und wenn man ganz tief in sich hineinhört, weiß man doch auch, dass man sich eigentlich selbst kaum aushält, und das schon in einfacher Ausführung. Was will man da noch eine zusätzliche Version in Miniaturausgabe? Doch die allgegenwärtige Selbstüberschätzung lässt auch diese vermeintliche Selbstverständlichkeit zu einem Abenteuer werden.

Reinhard Mey singt die wunderbaren Zeilen: »Kinder sind uns ja nur für eine kurze Zeit geliehen. Sie sind ja gekommen, um weiterzuziehen.« Stimmt wahrscheinlich. Wenn mein größter Sohn nach sechs Stunden aus dem Kindergarten kommt, ist er meistens fertig wie nach einem Managerarbeitstag, hat allerdings deutlich mehr Produktives geleistet. Wir haben auf dem Nachhauseweg ein festes Ritual. Ich frage ihn, was sie im Kindergarten alles so gemacht

haben, und er sagt daraufhin: »Weiß ich noch nicht!«
Witziger Typ. Dabei schaut er mich mit einem Blick
an, der mir unmissverständlich sagen soll: »Alter,
komm halt morgens mit, wenn's dich so brennend
interessiert!«

Würde ich ja. Ich darf aber nicht. Ich bin zu groß.
Und wahrscheinlich auch zu doof. Außerdem bräuchte ich nach sechs Stunden auf diesen winzigen Stühlchen vier Wochen Rückbildungsgymnastik. Na ja,
die könnte ich ohnehin gebrauchen. Das ständige
Hochheben, Absetzen, Einfangen und Rumschleppen
von kleinen Kindern fühlt sich zwar genauso anstrengend an wie Leistungssport, führt jedoch nicht
einmal zu Gewichtsverlust im Milligrammbereich.
Das Leben ist schon ungerecht: Die einen joggen eine
Viertelstunde durch den Stadtwald und sehen athle-
tisch aus wie sonst was, ich hingegen hebe stundenlang und Tag für Tag über Jahre hinweg fünfzehn
Kilo schwere Kinder hoch und wieder runter und
nehme Jahr für Jahr zu. Klar, das könnte auch am
Frust-Camembert am späten Abend (19.57 Uhr)
liegen.

Viertens merkt man, dass der für uns so fest eta-
blierte Zusammenhang von Sprache und Welt in
Wahrheit ziemlich zufällig ist, da Kinder ja auch mit
ziemlich falsch hervorgebrachten Worten ganz gut
verstanden werden.

»Laddat bittö. Pateta Lea. Lockel! Lockel!« aus
dem Mund meines mittleren Sohnes bedeutete ohne

jede Frage und zweifelsohne: »Lass das bitte, Patentante Lea. Schaukel! Schaukel!«

Ich weiß gar nicht, wo das Problem sein soll. Es gibt tatsächlich Leute, die den Knirps nicht verstehen. Wie sind die denn drauf?

Zugegeben: Dass ein Kind angeblich spreche, wird zunächst einmal von zutiefst euphemistischen Eltern als Behauptung in den Raum gestellt. Der Rest der Menschheit merkt es erst Monate später. Nämlich dann, wenn der Pupsi tatsächlich spricht. Ein gutes Beispiel dafür, dass man Kinder eigentlich nie richtig einschätzt und als Erwachsener dazu verdammt erscheint, die kleinen Racker entweder zu über- oder zu unterschätzen. Schätze ich mal.

Das Spiel, in dem wir so tun, als würden bestimmte Wörter wie die Faust aufs Auge zu bestimmten Dingen in der Welt passen, ist für kleine Kinder mehr als eine große Freude. Es ist der Hammer, der absolute Wahnsinn und wird von entsprechender Partylaune begleitet. Ein tatsächliches Lesen von Büchern, ein halbwegs narratives Durchschauen von Bilderbüchern findet gar nicht statt – nein, da werden stundenlange Tests durchgeführt und erworbenes Wissen beinhart abgeklopft.

»Und was ist das, mein Schatz?«

»Totodiiehl.«

»Jaaa, genau, ein Krokodil!«

Nie wieder im Leben werden Prüfungssituationen mit derartiger Begeisterung und Ausdauer bewältigt werden. Dass Bagger, Hund und Katze wirklich und wahrhaftig Bagger, Hund und Katze heißen; dass dies von Papa auch mehrfach bestätigt wird; dass Bagger, Hund und Katze allein durch bloßes Aussprechen dieser drei Worte »Bagger«, »Hund« und »Katze« von Papas Finger im Buch fehlerfrei wiedergefunden werden; dass Bagger, Hund und Katze auch außerhalb des Buches, ja, sogar auf einer handelsüblichen Straße Bagger, Hund und Katze heißen, ist als Information weder selbstverständlich noch sterbenslangweilig, sondern einzig und allein eines: BIG FUN!

Manchmal kann es einem durch das tiefe Glück der Kinder angesichts des erlernten Zusammenhangs zwischen den Wörtern unserer Sprachen und den Dingen dieser Welt so erscheinen, als würden die Gegenstände, Tiere und Menschen erst durch ihre korrekte Bezeichnung wirklich wirklich. Unsere Fokussierung auf Sprache überdeckt so ab und zu die Tatsache, dass auch Nichtsprachliches auf seine Art und Weise real und existent ist.« Dann sag das doch!« ist daher ein denkbar blöder (im Sinne von erwachsener) Kommentar von Menschen, die von einem Kind nur noch das verstehen, was es tatsächlich laut sagt.

Apropos laut: Kinder sprechen zwar, allerdings selten leise. Ich habe keine Ahnung, woher meine das haben. Wir sind eine eher leise Familie – sogar wenn wir uns anbrüllen. Dass beim abendlichen

Chardonnay bei uns eher geflüstert als lautstark debattiert wird, geht diversen Freunden und Bekannten sicher schon auf den Keks.

Ungedrosselte Kinder agieren sprachlich mit einem Lautstärkepegel, der ziemlich beachtlich ist – im Sinne von total anstrengend. Ich kann es nicht beweisen, aber da sich in der Sonnengruppe unseres Kindergartens etwa zwanzig Kinder zur selben Zeit befinden und ich aus vertrauensvoller Quelle weiß, dass sie auch dort sprechen beziehungsweise schreien, gehe ich davon aus, dass sich das anwesende pädagogische Personal unmittelbar nach dem Verschwinden der Eltern am Morgen mit mehreren Kilo Watte ohral ausstattet. Oder sie sind taub. Vielleicht gehört das ja mittlerweile zum Anforderungskatalog für diesen Knochenjob.

»So, Frau Bittl, Sie wollen also bei uns als Kindergärtnerin anfangen? ... Frau Bittl? ... Haaalloooo, Frau Biiiiiittl! ... Okay, die nehmen wir!«

Meine Kinder wachsen übrigens zweisprachig auf. Kein Problem für die kleinen zukünftigen Raketenforscher, das machen die mit links. Ich finde daran vor allem einen Aspekt faszinierend und geradezu beneidenswert: Wenn den dreien irgendwann einmal alles zu viel, zu nervig und zu deutsch wird in diesem Land, können sie immer mal wieder zwischendurch für eine kurze Zeit so tun, als kämen sie von einem anderen Planeten. Genau genommen vom Planeten Polen.

Auch ich habe für eine Weile versucht, die polnische Sprache zu erlernen: an der Volkshochschule. Das muss Liebe sein. Die Dozentin hieß, glaube ich, Esmeralda de Gonzales oder so ähnlich, weshalb ich zwar ein paar Brocken Polnisch spreche, allerdings mit katalanischem Akzent. Dennoch: ein gemeinsames Haus, zwei Sprachen. Das ist deutlich besser als andersherum, finde ich. Und wenn ich heutzutage mit anhören darf, auf welch virtuose Art und Weise mein ältester Sohn und seine Mutter auf Polnisch über die korrekte Benutzung von Wachsmalstiften diskutieren, so bin ich voller Bewunderung. Für beide. Ich stehe ein klein wenig wie ein Kind daneben, das gerade erst beginnt, sich in der Welt der Sprache zu orientieren, kleine Fetzen aufschnappt, nach Bedeutungen sucht, kontextuelle Ratespiele spielt und manchmal Bahnhof verstehend einfach nur freundlich grinst. Das reicht ja häufig. Oder wie man in Polen sagt: »Olé!«

Wenn, mit Wittgenstein gesprochen, die Grenzen meiner Sprache die Grenzen meiner Welt bedeuten, so kann man mit Heinz-Rudolf Kunze gesprochen entgegnen: »Grenzen sind zum Kennen da, und zwar von beiden Seiten.« Aber wer will schon mit Kunze sprechen?

Viele Leute meinen ja, dass wir die Menschen, die uns im Leben begegnen, bereits aufgrund ihres optischen Erscheinungsbildes rastern, bewerten und in bestimmte Schubladen stecken, beispielsweise

»interessant«, »sympathisch«, »attraktiv« oder eben »männlich«, um nur vier Kategorien zu nennen. Ehrlicherweise aber läuft das Feintuning unserer Sortierungen über die Sprache. Da öffnet sich so eine Schublade gegebenenfalls zum letzten Mal, bevor sie sich im Café nach einem Satz wie »Ich krich zwei Expressis!« eventuell für immer schließt. Zu Recht.

Die sprachliche Erziehung von Kindern mutiert daher oftmals zu einem grammatikalisch-lexikalischen Bootcamp fürs Überleben im Kastenwesen unserer Leistungsgesellschaft. Eine Wortschatzgrößenbestimmung des jeweiligen Zöglings ist gewissermaßen der Schwanzvergleich der unteren Ober- und oberen Mittelschicht.

Im Rahmen einer der beliebten Alle-stellen-sich-mal-kurz-vor-Runden während eines Elternabends in unserem Kindergarten mussten wir Anwesende schließlich selbst laut lachen, nachdem jeder einmal erzählen durfte, was sie oder er beruflich denn so mache. Bratschistin im Sinfonieorchester, Projektmanagerin, Architekt, Malerin, Opernsänger, Theaterpädagogin, Kabarettist, Musiker und so weiter. Herrlich, diese völlig freie Durchmischung der Gesellschaft!

»Nicht von ungefähr gibt es einen mit harten Bandagen (persönliches Engagement, Kontakte, Bargeld) geführten Kampf um die jeweils als adäquat empfundene Unterbringung der Kleinen.« Nicholas Frietzsche: *Vom Nutzen und Nachteil des Nachwuchses für das Leben. Eine sozioökonomische Streitschrift.* Weimar 2028, S. 2

So bleibt man am Ende eben doch wieder unter sich und erschrickt manchmal vor sich selbst, wenn einem auffällt, wie sehr man seit der Existenz von Kindern in seinem Leben in Kategorien von »wir« und »die anderen«, von »drinnen« und »draußen« denkt. Der mit Sicherheit völlig richtige Ansatz, Kinder aus verschiedensten Milieus, Kontexten und sozialen Verhältnissen nicht vollständig voneinander abgekapselt wie in Containern gesellschaftlich aufwachsen zu lassen, wird beeindruckend flott zur grauen (oder grünen?) Theorie, wenn es plötzlich um die jeweils eigenen Schnupsis geht.

Damit verbunden ist die sprachliche Ausdifferenzierung der Kinder. Sprache verbindet eben nicht nur, sondern spaltet auch. Am Gartenzaun führte mein Sohn letztens folgendes Gespräch mit einem in etwa gleichaltrigen Exemplar.

Mädchen: »Scheiße-Kacka-Blödmann.«

Sohn: »Wie bitte?«

Mädchen: »Scheißi-Kacki-Blödi-Doof-Scheißer.«

Sohn: »Wie bitte?«

Mädchen: »Scheiß-Wurst!«

Sohn: »Wie bitte?«

Mädchen: »Ich muss jetzt reingehen.«

Sohn: »Tschüüüüss, Lisa!«

Es war einer der schönsten Momente meines Lebens. Und einer der befremdlichsten. Natürlich kann ich nicht wissen, was aus meinem Sohn mal werden wird. Für Lisa sehe ich manchmal schwarz.

Wie, warum und wann bin ich nur so schrecklich elitär und herablassend geworden? Diese Kinder ruinieren mir noch mein ganzes schönes Bild von mir selbst! Aber gewisse Unterschiede fallen von Zeit zu Zeit eben doch ins Auge. Auf dem Spielplatz führten zwei mir nicht näher bekannte Kinder schaukelnd folgende Unterhaltung.

A: »Ich schaukel jetzt soooo hoch. Ich fliege bis ins Weltall, bis zum Saturn! Und du?«

B: »Isch flieg Media Markt!«

Gute Idee, da sind die CDs nämlich viel billiger.

Eltern sorgen sich selbstredend nicht erst seit gestern um die Zukunft ihrer Sprösslinge. Schon im expansiven Europa zwischen Kolumbus und Erstem Weltkrieg gab es das – aber halt auch verlässlichere Optionen als heute. Ein Sohn erbte den Hof, den zweiten Sohn bekam die Kirche, der dritte und alle weiteren konnten derweil in aller Ruhe auf die Schlachtfelder verschiedenster Kriege ziehen, wenn ich Prof. Dr. Dr. Gunnar Heinsohn letztens richtig verstanden habe.

Ich will mich nicht beschweren, aber zurzeit habe ich persönlich weder Haus und Hof, noch kommt für meine Söhne das Priesterseminar in Frage, und mit den Kriegen in Europa geht es auch gerade erst wieder los. Sie werden sich wohl selbst etwas einfallen lassen müssen. Mit drei männlichen Nachkommen zähle ich im europäischen Schnitt wahrscheinlich längst zu den demographischen Kriegstreibern, scheinen Konflikte doch weltweit häufig dort zu eskalieren, wo haufenweise sogenannte überzählige Jungs abhängen (Palästina, Schwarzafrika und bei mir zu Hause).

Zurück zum Thema Sprache kommend, muss man noch anschließen: Richtig schlimm ist es heutzutage sprachlich gesehen für Kinder von Prominenten. Und zwar aufgrund ihrer in der Regel furchtbaren Vornamen. Ohne Frage hat mein Sohn sehr große Angst, dass Papa doch noch den endgültigen Karrieredurchbruch schafft, weil das nächste Geschwisterchen dann wahrscheinlich Gandalf Golum Zahnbürste Zingsheim oder so heißen würde. Vielleicht wäre er auch bloß eifersüchtig, der kleine Balthasar Rasputin.

In unserem Kölner Südstadt-Kindergarten fließt derzeit, wie anderswo auch, innerhalb eines solchen ökourbanen Soziotops die große Retrowelle im Bereich der Namensgebung. Insbesondere um die vorletzte Jahrhundertwende beliebte Vornamen breiten sich dreimal schneller aus als Ebola. Franz, Paul, Fritz, Alma und Magda, wohin das Auge reicht – vielleicht als eine Art Reminiszenz an irgendeine gute alte Zeit? Aber welche sollte das sein? Ich jedenfalls hoffe auf nicht noch mehr Parallelen zwischen jetzt und dem Beginn des zwanzigsten Jahrhunderts, sonst stehen der kleinen Dorothea und dem Wilhelm schon wieder zwei Weltkriege bevor. Und das in der Sonnengruppe – nicht auszudenken.

Kevins kennen wir keine, das versteht sich von selbst. Die Kaste der besserverdienenden, gesundheitsbewussten und pädagogisch dauerreflektierenden Bio-Eltern plädiert herzlichst gern für eine offene Gesellschaft der Durchmischung und Durchlässigkeit. Aber bitte nicht in der eigenen U3-Gruppe. Bloß keine tatsächliche Umsetzung der eigenen Konzepte und Überzeugungen – wo kämen wir denn da hin? Die Assis wissen ja wahrscheinlich nicht mal, was Bärlauch-Pesto ist.

Auch in sprachlicher Hinsicht muss man sich ständig damit auseinandersetzen, dass die eigenen Kinder auf der einen Seite »hey, total supi toll krass« viel können und auf der anderen Seite auch ganz vieles irgendwie überhaupt gar nicht. Mein ältestes Söhnchen hat seit gefühlten fünfhundert Jahren die Angewohnheit, die Buchstaben g und k durch d und t zu ersetzen. Allerdings lediglich beim Sprechen. Schreiben kann er ja noch nicht. Sähe auch sicher seltsam aus: *Duten Tat, Tonstantin, deht's dir dut?*

Als ich ihm letztens empfahl, statt »Trontorten« doch lieber »Kronkorken« zu sagen, erwiderte er (und zwar völlig zu Recht): »Ja, ich weiß, aber ich muss das ja auch nicht unbedint so saden, wie ihr tut!«

Stimmt irgendwie, finde ich, und sagte zu ihm: »Otay, richtid, Dratulation!«

Wenn er das darf, darf ich das auch. Außerdem erkennt man an solch zuckersüßen, rasend schnell verfliegenden sprachlichen Episoden, dass die vermeintlichen Fehler der Menschen mindestens genauso sympathisch, wenn nicht gar sympathischer sind als ihre angeblichen Stärken. Mittlerweile hat mein Großer diese kleine G-und-K-Schwäche übrigens nicht mehr, und ich finde es fast ein wenig schade. Auch wenn ich weiß, dass es spätestens in der Oberstufe latent peinlich für ihn geworden wäre. Teine Frage, das wäre so detommen.

Schließlich und grundsätzlich machen sprechende Kinder schlichtweg Spaß. »Papa, ich zieh mal die Pantoffeln aus, dann kann ich besser gucken!« Respekt, dachte ich in dem Moment – vom argumentativen Niveau her ist der Kerl kurz davor, in eine Talkshow eingeladen zu werden.

Sprache ist in aller Regel unvermeidlich, also sollte man sie genießen. Herman van Veen fragt seit einer halben Ewigkeit: »Warum bin ich so fröhlich, so fröhlich, so fröhlich?« Ich weiß es.

Vater: »Klasse, du kannst ja schon Pantoffel sagen. Sag noch mal Pantoffel.«

Kind: »Poffel!«

Ja, Kinder funktionieren nicht. Trotzdem sind sie deshalb nicht kaputt. Eltern dagegen sind sehr oft kaputt. Was daran liegt, dass viele Kinder nachts ganz gut funktionieren. Auch sprachlich.

»Papa, ich habe etwas daaaanz Fürchterliches deträumt, und das din so ...«

Meine Liebe zur Sprache hat anscheinend ganz

fundamental etwas mit Uhrzeiten zu tun. Tagsüber kann ich gar nicht genug davon kriegen, aber nachts?

»Papa, ich habe deträumt, ich war im Tuhstall, und ich habe den Wasserhahn zu weit nach rechts dedreht, und dann tam der böse Fuchs ... und deshalb will ich jetzt bei euch weiterschlafen, dut ne?« Nein, nicht so dut.

Manchmal sehne ich mich fast ein wenig zurück nach jenem putzigen Stadium der Vorsprachlichkeit meiner Kinder. Aber nur im Dunkeln. Wahrscheinlich kommt es genau deshalb recht leicht zu zweiten, wenn nicht gar dritten Kindern. Einfach noch mal jemanden einziehen lassen, der nicht ständig quasselt wie ein Wasserfällchen. Nach einem etwa achtminütigen Monolog auf einer Autofahrt schaute unser ältester Sohn seine Eltern an und stellte selbst fest: »Toll, was ich schon alles sprechen kann, oder?« Absolut. Und dass es am Ende nicht nur die reine Menge macht, wird er sicherlich auch noch lernen. Hat bei mir ja auch gedauert.

Was mit kleinen Kindern sprachlich im Übrigen überhaupt nicht geht, sind Metaphern. Sobald der Nachwuchs Worte beherrscht, nimmt er sie auch – und zwar wörtlich. Bitte vermeiden Sie jegliches metaphorisches Sprechen mit Kindern. Nach Äußerungen wie: »Du, der Frühling steht vor der Tür«, haben Sie andernfalls sofort die halbe minderjährige Belegschaft mit neugierig suchenden Blicken vorm Hauseingang stehen. Ebenso wenig hatte mein Ältester auch nur die leiseste Ahnung, was ich alter Pyromane mit »Komm, wir gehen Mama beim Joggen anfeuern« meinen könnte. Sicherlich fragte er sich, wie es seiner Mutter beim Sport helfen könne, in Brand gesteckt zu werden. Und was meine Frau für sonderbare Absichten mit »Hach, in diesen Nachtisch könnte ich mich echt reinsetzen« zum Ausdruck bringen wollte, leuchtete am Tisch lediglich den Erwachsenen ein. Final haben sich nach dem Mittagessen und ihrem Ausruf »Also, ihr fresst einem echt noch die Haare vom Kopf« zwei gut bezahnte Jungs an der Frisur meiner Gattin zu schaffen gemacht.

Bei so viel unfreiwilliger kleinkindlicher Komik kann einem daheim nun wirklich nicht die Decke auf den Kopf fallen, weil man die Nase etwa gestrichen voll hätte, denn die kleinen Nachwuchshumoristen sind echt zum Abschnallen. Bildlich gesprochen, versteht sich, ansonsten natürlich nur, wenn das Auto bereits steht.

Apropos Frau: Kinder neigen bekanntlich dazu, aufgrund ihres ständigen Dazwischengeplappers zunächst die Kommunikation zwischen Liebespartnern, die sich nun als Eltern zu bezeichnen haben, zu ruinieren, um schlussendlich komplette Ehen in den Zustand starker Auflösungserscheinungen zu überführen. Hier ein kleiner Trick, der komisch klingt, aber ganz gut funktioniert, so Sie kein Interesse daran haben, sich alle vierzehn Tage scheiden zu lassen: Schreien Sie stets die Kinder an und nie die

Partnerin! Wenn es sich dagegen um einen Partner handelt, kann man sich das mit dem Schreien als Frau ja noch mal überlegen. Aber der Nachwuchs zieht eben irgendwann aus. Die jeweiligen Partner nicht unbedingt. Und dann will man bis zur Rente ja doch noch was von der Liebe haben.

Wenn sprechende Kinder noch nicht so sprechende Kinder als nachfolgende Geschwisterchen erhalten, bekommt man das eigene Gequassel noch einmal intensiviert gespiegelt. Insbesondere die erstgeborenen Prinzessinnen und Prinzen beginnen nämlich augenblicklich damit, kleinere Brüder und Schwestern mit zu erziehen, und imitieren dabei ziemlich wortgetreu das parentale Geschwafel, dem sie selbst seit Jahren hilflos ausgesetzt sind. Unweigerlich fragt man sich als Vater: »O mein Gott, bin das ich? Klinge ich wirklich so? Nein, nein, das muss er von seiner Mutter haben! Ich würde doch niemals …!«

Doch, würde man, und zwar ständig. Nun hat man also auch noch einen Vierjährigen daheim, der seinen kleinen Brüdern Vorträge hält wie: »Jetzt hör aber mal auf, also so geht's nun wirklich nicht. Nein, auf keinen Fall. Mein Freund, du wirst schon sehen, was du davon hast. Na, dann bleib halt alleine hier, Punkt, aus und Schluss!«

Ähnlich erschreckend nervig ist auch das eigene hyperängstliche Sicherheitsgelaber, das man tagtäglich auf die Kleinen loslässt und das man dann nach einigen Jahren nahezu eins zu eins zurückgespielt bekommt, wenn der Älteste sein Brüderchen pseudo-parental ermahnt: »Pass schön auf, der Hügel ist sehr steil. Nicht dass du gleich runterkullerst, da kannst du dich aber doll verletzen, dann ist das Geschrei groß, und am Ende können wir die Hose schon wieder waschen!«

Herrje, vielleicht sollte man sich zur Verhinderung verbaler Grotesken von Zeit zu Zeit mal selbst mit einem Diktiergerät beim Erziehen aufnehmen und als Vater oder Mutter einfach selbstkritisch zugeben: »Mein kleiner Schatz, pass mal gut auf und merk dir das: Mama und Papa sind übrigens Vollidioten!« Denn ziemlich exakt dokumentiert unser von Vorsichtsmaßnahmen nur so triefendes Geplapper, wie nahe Fürsorge und haftähnliche Zustände oftmals beieinanderliegen.

Schlussendlich setzt eine ganz bestimmte, immer wieder gern verwendete elterliche Äußerung dem ganzen Sprachwahnsinn noch die Krone auf. Denn der Ausspruch »Scheiße sagt man nicht« ist hinsichtlich der ihm selbst innewohnenden Bekloppptheit wohl kaum zu überbieten, sagt man einem kleinen Kind doch wortwörtlich und allen Ernstes, dass das, was man (wie das Kind schon selbst häufig hören konnte) sagt, tatsächlich nicht sagt. Auf dem Planeten Argumentationslogik wurde diese sprachliche Wendung sicher nicht geboren.

Glücklicherweise scheint der verbale Anteil am Erziehungsmarathon jedoch grundsätzlich überschätzt zu werden, da Kinder primär durch das Tun und nicht durch das Labern der Eltern geprägt werden. Nun, ob das am Ende sehr viel beruhigender ist, bleibt die Frage.

Umgekehrt prägen Kinder das Sprechen ihrer Eltern im Übrigen genauso ein Leben lang. Unterhalte ich mich beispielsweise mit meiner Mutter über unsere Familie, so spricht sie nach wie vor von »Oma Maria«, obwohl es sich bei dieser reizenden Dame um ihre Schwiegermutter handelt. Ebenso redet sie von »Onkel Siggi«, dabei ist dies zweifelsfrei ihr Schwager und deshalb eigentlich *mein* Onkel. Kinder genießen wohl lebenslänglich den Luxus, dass man freundlicherweise sämtliche Verwandtschaftsgrade aus ihrer Perspektive verbalisiert. Ich sage genauso zu meinen Kinden, sie sollen gefälligst Opa Andreas vorher fragen, ob sie seinen Teppich anmalen dürfen – dabei heißt mein Opa in Wahrheit Heinz. Andreas ist dagegen mein Papa. Sagte ich aber »Papa«, würde ich ja mich meinen. Da könnte ich mich in Sachen Teppich auch gleich selbst fragen.

Fängt man allerdings an, die eigene Partnerin als »die Mama« zu bezeichnen, ist definitiv Schluss mit diesem Quatsch. Sonst petze ich das alles Oma Hella, also der Mutter – meiner Mutter, versteht sich, die ja die Schwägerin meiner Tante ist, welche verheiratet ist mit deinem Großonkel, der daher wiederum als der Schwager deines Opas gelten kann … alles klar?

Man selbst als warum auch immer erziehungs-
berechtigte Sprecherin oder Sprecher führt meines
Erachtens sprachlich gesehen zwei Leben ab dem
Zeitpunkt, ab dem man in den Besitz von Kindern
geraten ist: ein sprachlich gesprochenes Leben und
ein sprachlich lediglich gedachtes Leben im eigenen
Kopf.

Beispiel: Wenn die Kleinen mal wieder große Teile
der Wohnung in den architektonischen Trend von
1945 versetzt haben, sagt man laut, also quasi offiziell: »Oha, meine geliebten Zöglinge, mich dünkt,
die letzte eurer gar vielfältigen actiones hat Vaters
Wohlgefallen nur äußerst bedingt hervorgerufen.«
Innerlich denkt man sich klammheimlich natürlich
eher so etwas wie »Arschverkackte Kackarschis, verdammte …«.

Sicher, bereits rein sprachlich gesehen kommt
wohl keine Erziehung ganz ohne Gewalt aus. Ich
höre das ja auch ständig in der Nachbarschaft, dieses furchtbare Geschrei: »Noch ein Wort, Tristan,
und ich schwöre dir, ich schalte RTL2 ein!« Ja,
Sprache kann eine Lösung sein. Muss aber nicht.

Ein definitives Highlight elterlichen Verbalschwach-
sinns ist zweifelsohne der vielverwendete Ausspruch:
»Sonst fahren wir nach Hause!« Glückwunsch, ver-
ehrte Sprecherin, verehrter Sprecher – wie beschissen
muss es bei einem selbst daheim eigentlich zwischen-
menschlich einhergehen, aussehen oder riechen, dass
man einem Kind allen Ernstes damit drohen will, an

genau diesen Ort des Schreckens verfrachtet zu werden?

Ich habe diesen Satz genau einmal auf meinen Sohn losgelassen, als er auf dem Spielplatz ein Kompendium an frechen, gefährlichen und sonst wie nervtötenden Verhaltensweisen an den Tag legte. »Hör jetzt sofort auf mit diesem Zirkus, sonst fahren wir nach Hause!« Mein Söhnchen schaute mich mit großen Augen an, sagte »Ah, okay, is' gut« und packte freudig seine Förmchen ein. Ich schätze, ich muss das traute Heim entschieden umgestalten, sonst verpuffen solche Drohungen vollends.

Da Kinder wie andere Menschen ihre Ohren nur sehr schlecht ohne geeignete Hilfsmittel schließen können und sich zumeist im selben Raum aufhalten, kann bei aller Liebe zur Kommunikation durchaus die Frage aufkommen, wie man sie möglichst geschickt aus bestimmten Gesprächsverläufen heraushalten kann. Hierauf liefert das folgende Kapitel die einzig praktikable, wenn auch extrem beknackte Antwort.

3.

»Brings you the kinder ins bed?«
Pseudoenglisch als Geheimwaffe

Da meine Frau und ich extrem selten unter vier Augen miteinander sprechen können, weil in der Regel sechs weitere, wenn auch etwas kleinere Glubschis uns beim Reden zugucken beziehungsweise neugierige Öhrchen jedes Wörtchen mitverfolgen, sprich, durch Reinquatschen unterbrechen, hat sich ein latent absurder sprachlicher Trick bei uns eingeschlichen. Wollen wir von Zeit zu Zeit verhindern, dass der Nachwuchs sich ungefragt in Ausflugsplanungen einmischt, über unsere Pläne nach sieben Uhr abends Bescheid weiß oder für Kinderohren schlichtweg Nichtadäquates aufschnappt, so wechseln wir wie von Geisterhand in eine Art kryptisches Pseudoenglisch, gerne auch inklusive falschen Satzbaus und lexikalischer Einsprengsel aus dem Deutschen.

»So, what means you? Should we go to the playing place nachher oder just anlooking a few books?«

»Nö, for playing place is schon too late. But books from me out okay.«

»Allrightchen, then let's bake us some italian Spezialität in the Backofen, when all three Buben are insleeped, okay?«

»Oh, yes, there you can one drauf lassen!«

Oder: »Come, we tell the boys einfach, that the childrens garden is zu tomorrow, I really don't have lust to drive so early morgen morning. Make we halt a gemütlich day at home instead.«

»Yes, yes, you have ja right.«

Vorsicht ist allerdings geboten. Der Trick funktioniert bei kleinen Kindern blendend. Mit alten Omas klappt er nicht so gut. Da wäre dann vielleicht Latein eine Option.

Zugegeben: Wahrscheinlich ruinieren wir bereits jetzt auf irreparable Art und Weise jegliche Chancen unserer Jungs, einmal korrektes Englisch zu erlernen. Aber what shoulds? Müssen sie halt Französisch mit ins Abi nehmen. Sounds ja ohnehin very much better. Und da ich selbst mit keiner romanischen Sprache wirklich vertraut bin, können die drei Kleinen dann ausgiebig mit ihrer Mutter frankophon über Papa lästern. Alles im Leben rächt sich eben einmal, aber for the first have I definitively viel too much fun with my lovely fantasy English.

Klar, man muss auch aus dieser herrlichen Angewohnheit rechtzeitig am Abend den finalen Ausgang finden.

»And, my Schatz, what thinks you? Should we noch together under the shower jumpen?«

»Martin, die Jungs schlafen seit zwei Stunden, du kannst dich wieder auf Deutsch mit mir unterhalten.«

»Yes, and? Have I ever no lust to do, you for-joke-nose …«

»Was bitte?«

»Vorwitznase!«

»Gute Nacht, Martin!«

»U2 and dream what nices, ne!«

Sprachlich kreativ sind selbstredend nicht nur Erwachsene, sondern ebenso sehr die kleinen Quatschnasen. Vor kurzem hat sich mein Ältester sogar zum allererersten Mal einen Reim ganz alleine ausgedacht: »Neini, neini, nein – quetsch ich alles ein.« Unfassbar, oder? Und dass er dieses lyrische Kleinod erfand, weil er zur selben Zeit gerade auf seinem jüngeren Bruder hockte und ihn zwischen sich und der Sofakante einklemmte, schmälert meine Begeisterung kein Stück.

4.

Ich will, du sollst, du musst,
man kann nicht einfach, lass das bitte …
Kinder und Erziehung

Auch das tägliche Geschäft der sogenannten Erziehung von Kindern ist vor allem geprägt durch Sprache. Im Mittelpunkt stehen meist wunderbare deutsche Wörter wie »nein« (laut), »bitte« (leise) und »jetzt aber wirklich endlich echt mal« (flehend resignativ).

Es handelt sich bei Erziehung übrigens tatsächlich um ein Geschäft. Denn ganz ähnlich wie in der freien Wirtschaft arbeitet man als Eltern in erster Linie mit den Grundpfeilern des heutigen Kapitalismus, also mit Kosten-Nutzen-Rechnungen, verlockenden Angeboten und Angst. Das funktioniert draußen an den Märkten allerdings besser als daheim in der Küche. Dafür sind Mama und Papa fünfmal erfahrener im Krisenmanagement als der durchschnittliche Investmentbanker.

Kinder ebenso wie Aktienpakete scheinen häufig am längeren Hebel zu sitzen, auch wenn sie das Wort »Hebel« selbst gar nicht artikulieren können. Junge

Broker und junge Eltern arbeiten gleichermaßen mit einer Materie, die sie nur zu einem geringen Teil tatsächlich kontrollieren können. Dementsprechenden Schaden können kleine Menschen und große Spekulationsblasen anrichten.

Ganz allgemein bietet das Leben einem zahlreiche sogenannte Fettnäpfchen. Erziehung ist für Eltern ein regelrechter, sich über mehrere Jahre erstreckender Fettnapf, was aus der eigenen reinen Innenperspektive meistens gar nicht erfahrbar ist. Hier begegnen sich Leben und Bühne mal wieder, weil unfreiwillige Komik, haarsträubende Argumentationsketten und geradezu elefantöse pädagogische Peinlichkeiten nur durch anwesendes Publikum überhaupt existieren, sie entstehen erst durch Fremdwahrnehmung. Da muss man wohl durch, denn ein dauerhaftes Abbrechen auch der letzten sozialen Kontakte nach der Geburt ist auch keine Alternative. Oder zumindest Geschmackssache.

Zwar behauptete mein eigener Vater stets, Erziehung sei »ein einziges Rückzugsgefecht der Eltern«; trotzdem ist man als erwachsener Bewohner einer ebenfalls von Kindern okkupierten Immobilie notwendigerweise ein Erziehungsoptimist. Nahezu unausweichlich glaubt man an die Sinnhaftigkeit und langfristige Wirksamkeit der eigenen schlecht koordinierten Ansätze und Maßnahmen. Macht ja auch Sinn, denn andernfalls könnte man es gleich ganz lassen.

Nebenbei bemerkt, gilt mein allergrößter Respekt allen alleinerziehenden Müttern und Vätern. Ehrlich gesagt, ist es mir ein absolutes Rätsel, wie man die Kraft und die Ausdauer für eine halbwegs konsistente erzieherische Linie aufbringen kann, ohne dabei durch ein zweites erwachsenes Lebewesen bestätigt oder korrigiert zu werden. Liebe Alleinerziehende, Ihr seid die Helden dieses Planeten! Helden ohne jedes Denkmal zwar, aber das ist vollkommen egal, da Ihr eh nicht die Zeit hättet, es zu besichtigen.

Die Anwesenheit eines wie auch immer geschlechtlich ausgestatteten Anderen macht sicher vieles leichter, sei es im Hinblick auf Korrektur (»Reiß dich mal zusammen, mein Gott, er ist drei Jahre alt und hat keine Ahnung, dass CDs durch Zerkratzen an Wert verlieren.«) oder hinsichtlich der ein oder anderen Bestätigung (»Genau, mein Schatz, scheiß auf die blöden CDs!«).

Pädagogische Grabenkämpfchen zwischen Eltern und ihren Nachwüchsen gleichen oftmals einem Staring Contest, nur ohne Augen eben. Wem es als Erstes zu blöd wird, verliert. Und Kindern ist eigentlich nix zu blöd.

Vor ein paar hundert Jahren gab es den Begriff und das Konzept Kindheit so noch gar nicht – damals, als sich noch nicht alles um Hirsebrei, Milchfläschchen und phthalatfreie Sauger drehte. Da fragt man sich sogleich, was denn damals eigentlich das Kerngeschäft von dm war. Wahrscheinlich Exorzismus. Nein, früher waren Kinder im Grunde kleine Erwachsene, Miniaturerwachsene. Und da kommen wir auch sicher wieder hin.

Man sagt übrigens nicht mehr »Kinder« – das ist, wie ich hörte, diskriminierend. Wenn Sie politisch korrekt sein wollen, müssen Sie von »kleinen Menschen« sprechen. So steht es mittlerweile auf Werbeflyern für Kulturveranstaltungen: *Theaterstück für kleine Menschen ab vier.* Dass Kinder auch Menschen sind, war bis dahin wohl vielen gar nicht klar. Dann ist es natürlich besser, man schreibt es vorsichtshalber drauf.

Sprache kann verräterisch sein, denn Kinder werden auch heutzutage wieder zunehmend zu kleinen Erwachsenen. Nicht nur, dass »bereits Säuglinge einen ähnlich eng getakteten Terminkalender haben wie Chief Executive Officers in DAX-notierten Unternehmen und ab dem Kindergarten durch sprachliche, aber natürlich fachspezifisch orientierte Weiter- und Fortbildungsmaßnahmen wichtige Zusatzqualifikationen im Sinne von Soft wie auch Hard Skills erwerben, die zu optimierten Erfolgsaussichten auf dem ersten Arbeitsmarkt führen«.[2] Nein, auch die Leitidee unserer Gesellschaft, also die Sicherung des jeweils eigenen Besitzes, wird den kleinen Pampersträgern schön früh eingepflanzt. So steht in

---

2 Whar am Bhüfet: *Kinder. Rohstoff der Zukunft?,* New York 2011, S. 368 f.

nahezu jedem Kinderbuch gleich auf den ersten Seiten ein herzallerliebster Lückentext, der wie folgt lautet: *Dieses Buch gehört* – Doppelpunkt – *Meins*!

Kapitalismus zieht sich eben von der Wiege bis zur Bahre. Und dann wundern sich alle: »Huch, guck mal, der Ruben Emilian wollte auch mal auf die Wippe, da hat ihm der Florestan Theophilus den Spaten auf die Fontanelle gedonnert. Die Emma Luise wollte auch mal ans Förmchen, jetzt hat die Mathilda sie an der Schaukel festgetackert. Komisch, woher haben die Kinder das bloß?«

Ja, von wem wohl? Von uns natürlich.

In dem Film *Fight Club* fällt ein, wie ich finde, bemerkenswerter Satz, der an dieser Stelle ganz gut passt: »Alles, was du hast, hat irgendwann dich.« Sprich: Am Ende wird der Besitzende stets zum Besessenen. Da hilft kein Exorzismus, da hilft nur: ausmisten. Deswegen ziehe ich so gerne um, weil man dabei massenhaft wegschmeißt und sich von vielem trennt. Häufig sogar von Lebenspartnern.

Okay, umziehen tue ich in der Regel wegen der Nachbarn, aber trotzdem, ein Wohnungswechsel befreit: von all dem materiellen Ballast, den wir so euphemistisch »Hab und Gut« zu nennen pflegen. Denn eigentlich ist mir das bisschen, was ich zurzeit und mittlerweile besitze, schon viel zu viel. Kennen Sie das? Überall diese Gegenstände zu Hause, die einen vorwurfsvoll anstarren, weil man sie nie benutzt. Aber dennoch arbeite ich und arbeite ich, um mir dann Dinge leisten zu können, die ich zwar eigentlich nicht brauche, aber langfristig nicht einmal haben will. Das ist schon verrückt!

In seinen autobiographischen Aufzeichnungen hat Bertolt Brecht (war nicht *Fight Club* auch von ihm?) das Zimmer, in dem er lebte, beschrieben, und da war nach heutigen Maßstäben echt nicht viel drin, soweit ich mich korrekt erinnere: ein Bett, ein Schrank, ein Teppich, ein Filmvorführgerät und ein paar weitere Dinge. Und trotzdem schreibt er am Ende: »Aber des Ganzen schäme ich mich, weil es zu viel ist.« Geht mir ganz ähnlich, Bert. Obwohl ich wegen des Filmvorführgeräts durchaus ein wenig neidisch bin.

In *Fight Club* jagt der Protagonist seine ganze schick eingerichtete Wohnung einfach in die Luft. Mal ehrlich, ist das nicht irgendwie verlockend? Einfach alles loslassen? Sich von allem frei machen? Gut, ein paar unentbehrliche Sachen sollte man vorher schon herausholen: etwas zum Anziehen, die Papiere, wichtige Unterlagen. Klar, gegebenenfalls auch Laptop, Handy und so – aber jedenfalls wirklich nur das Allerallerwichtigste. Wie die Mikrowelle selbstverständlich, die Steuererklärungen der letzten drei Jahre vielleicht, ein paar Familienmitglieder eventuell (aber das ist natürlich Geschmackssache).

Die Wirklichkeit sieht zumeist anders aus, und wir horten emsig Dinge, die uns dann beleidigt anglotzen. Ist das ein persönlicher Defekt oder doch ein grundsätzlicher Fehler im System?

Anhand von Kindern merkt man nicht nur schmerzhaft, wie wenig man selbst von dieser in erster Linie materiellen Welt versteht, sondern auch, wie tief man mit drinhängt. Und zwar im System. Pränatal kann man ganz lässig einen auf hyperkritischen Kapitalismusskeptiker machen. Beobachtet man sich dann postnatal beim Einreden auf das eigens hergestellte Menschlein, bröckelt die fesche Fassade flott, und man macht unfreiwillige Bekanntschaft mit dem eigenen Denken. Das macht nicht unbedingt nur Freude. Erfolgssucht und Leistungsdenken gepaart mit einer Prise Stolz und Größenwahn sind nicht nur optimale Voraussetzungen für ein Berufsleben als Führungskraft (welch hübsches Wörtchen!). Warum auch immer werden diese nicht einmal ansatzweise sympathischen Eigenschaften tagtäglich gefördert und immer wieder durch Erwachsene kommunikativ verstärkt, ja eingefordert.

Nicht selten höre ich von mir wie auch von anderen Hobbypädagogen Sätze wie: »Also komisch, wenn der Kleine dies oder das nicht hinkriegt, da rastet der ja manchmal förmlich aus, total wütend und völlig verzweifelt kann der da werden. Machen eure Kids das auch?«

Ja, machen sie. Machen anscheinend alle so. Gleichzeitig äußern Eltern gerne Erkenntnisse wie: »Mensch, da war sie ja wirklich so was von stolz wie Oskar, als sie das geschafft hat, und zwar ganz alleine!«

Kein Mensch weiß, wo dieser Freak namens Oskar eigentlich wohnt, aber egal. Man kann ja wie vieles sein: doof wie Brot, freudig wie Bolle oder voll wie eine Strandhaubitze. Auf »stolz wie Oskar« könnte ich persönlich gut verzichten. Und zwar wie Hulle.

Kann es sein, dass unsere Kinder unter anderem deswegen solche Nicht-Gelingens-Verzweiflungs-Attacken und stolz geschwellte Hühnerbrüstchen haben, weil wir genau diese beiden Aspekte immer wieder an ihnen verstärken? »Du kannst es schaffen, alle schaffen das, und zwar alleine, toll, was du schon alles alleine schaffst …«

Sicherlich bringen alle Kinder bereits von sich aus eine gehörige Portion Ehrgeiz mit. Darüber hinaus werden sie mit ordentlich Differenzschmerz durch den ständigen Vergleich zu sicher laufenden Erwachsenen, schon sprechenden Geschwistern und kompetent rauchenden Jugendlichen ohnehin zur Aneignung zahlreicher erstrebenswert scheinender Fähigkeiten angeregt. Da könnte man als erziehungsberechtigtes Lebewesen von Zeit zu Zeit leicht mal einen Gang runterschalten in Sachen Leistungsschau. Kann er schon stehen? Wie viele Wörter spricht sie denn? Kann es sich schon selbst hinsetzen? Mein Gott, er trägt immer noch eine Windel? In meinem Kopf höre ich manchmal den legendären

Loriot in *Pappa ante portas* sagen: »Mein Sohn ist sechzehn, er sitzt und spricht!«

Beobachtet man sich selbst beim täglichen Fördern, Fordern, Belobigen, Anfeuern und Antreiben der Kinder, so muss man ehrlicherweise zugeben, dass Leistungsdruck nicht erst im Berufsleben, Notenvergaben nicht erst in der Schule und Wettkampf nicht erst im Kindergarten Einzug ins Leben der kleinen Wichtel halten. Auf meiner eigenen Abiturfeier trug von den Schulabgängerinnen und Schulabgängern (und wir waren dort wirklich abgegangen!) übrigens niemand – ich betone: tatsächlich niemand! – eine Windel. Die Zeit heilt vielleicht nicht alle Wunden, wunde Popos in der Regel aber schon. Und auch sitzen, stehen, sprechen und sogar liegen waren durch die Bank weg von allen Schulabsolventinnen erworbene Kernkompetenzen.

Warum also nicht ein wenig mehr Gelassenheit, ein bisschen weniger Leistungshype? Schließlich kommen viele Eltern die meisten Klettergerüste und Piratenholzschiffleitern auf deutschen Spielplätzen selbst kaum hoch. Und so, wie die kleinen Rabauken sich vom ersten Tag an engagieren, muss man doch sagen, Ehrgeiz entwickeln Kinder ganz von alleine. Liegen heißt: »Mist, ich kann mich nicht drehen.« Sich drehen können bedeutet: »Verdammt, ich kann nicht krabbeln.« Krabbeln meint: »Verflucht, warum kann ich noch nicht stehen?« Und stehen heißt in Wahrheit: »Scheiße noch mal, warum kann ich eigentlich nicht laufen? Bin doch schon vier Monate alt, verdammte Harke!«

Zudem gründen das Ideal der Leistungssteigerung und das Gebot der ständigen Optimierung von Kindern auch auf dem Fehlschluss, man könne in den Nachwuchs einfach eine Summe x an Förderung, Drill oder Anfeuerung stecken und bekäme dann postwendend das gewünschte Erfolgsergebnis y raus. Kinder jedoch sind komplexe Systeme mit weitgehend chaotischen Faktörchen. Verlässlich ist da häufig lediglich die Unzuverlässigkeit wie auch Unvorhersehbarkeit der Resultate. Deshalb kann man es ja voll Förderungsoptimismus zwar nach bestem Wissen und Nichtwissen probieren, darf aber dann als Eltern nicht über die Maßen überrascht sein, wenn der Reifungsprozess des Nachwuches vor allem eines hat: eine erstaunliche Eigendynamik.

Manch einer meint vielleicht, man solle Erziehung einfach sportlich sehen. Ich dagegen finde, genau das ist häufig das Problem. Denn Sport heißt ja grundsätzlich immer kämpfen, sich anstrengen, um zu gewinnen oder zu verlieren. Nehmen wir beispielsweise die beliebte Leistungssportart Ballett. Genau wie in der Erziehung werden Individuen hier nicht nur geformt, sondern immer auch ein Stück weit umgeformt, ja deformiert. Das muss man mögen. Beziehungsweise: Muss man so was mögen? Im Hinblick auf Erziehung behaupten viele flapsig, man müsse die Kinder formen, solange die Knochen weich sind. Mein Eindruck erinnert mich dagegen viel häufiger ans Ballett, und ich würde entgegnen: Nicht selten werden Kinder geformt, *bis* die Knochen weich sind. Aber eben nur, wenn man's sportlich sieht. Wenn überhaupt, sei Erziehung bitte als im ursprünglichen Sinne olympische Disziplin verstanden: Dabei sein ist alles. Das ist schon Herausforderung genug, insbesondere dann, wenn beispielsweise zwei Eltern sich dreieinhalb Vollzeitjobs teilen müssen. Da wird Dabeisein bereits zu einer echten Leistung. Auf die kann man dann vielleicht sogar ein bisschen stolz sein. Aber bitte nicht wie Oskar. Der macht das nämlich lieber alles ganz alleine.

Einen Tag lang, und zwar den allerersten, durfte ich als Vater für ein paar Stunden mit in den Kindergarten. Ein fabelhafter Vormittag, auch wenn ich mir in diesem Zwergenmobiliar vorkam wie eine männliche Version von Schneewittchen, nur eben mit zweiundzwanzig Zwergen statt mit sieben. In einem milchreisähnlichen Nachtisch war eine Nuss, eine Rosine oder sonst irgendein Kinder zu hysterischen Glücksgefühlen verleitender, weitgehend essbarer Gegenstand versteckt. Das Kind, welches diesen Schatz in seinem Tellerchen fand, war angesichts dieses geradezu unfassbar großartigen Umstandes für mehrere Minuten komplett aus sämtlichen Häuschen. Genauer gesagt, zeigte es Verhaltensweisen extremster Begeisterung, motorische Freudenzuckungen und eine Endorphinausschüttung wie Menschen meines

Jahrgangs auf 90er-Revival-Partys, wenn plötzlich »Mr. Vain« läuft. Das eigentlich Bemerkenswerte allerdings war der Kommentar des damals gut fünfjährigen David, der mir seitdem äußerst sympathisch ist: »Tja, da hast du wohl Glück gehabt. Und morgen hat jemand anderes Glück. Bis alle einmal Glück gehabt haben.«

Schweigen am Zwergentisch. Dann anerkennendes Kopfnicken der Kleineren. Schließlich wieder milchreisiges Geschmatze. Respekt, David! Wenn mal wieder irgendein großer oder kleiner Mensch auf diesem Planeten vor Stolz fast platzend und mächtig auf seine angeblich erbrachten Leistungen hinweisend daherkommt, denke ich an dich, du kleiner fünfjähriger Konfuzius.

»Denn schaut man etwas exakter hin, so sind doch die allermeisten Dinge, auf die man so stolz wie Oskar sein könnte, weder errungene Erfolge noch tatsächliche Leistungen, sondern vielmehr glückliche Zufälle.« Dirk T. Oco-Tronic: *Individualität als spätkapitalistisches Phantasma.* Offenburg 1996, S. 1968 f.

Ich fahre viel Bahn. Wäre das Leben ein Zug, so wären wir darin meiner Meinung nach alle Passagiere und keine Lokführer. Deshalb versuche ich, niemals stolz wie Oskar zu sein, sondern, wenn überhaupt, stolz wie jener David, sprich möglichst selten. In jedem Fall aber fand ich Davids Kommentar geradezu erleuchtend und definitiv konstruktiver als das ansonsten übliche »Neeeeein, ich wollte die Nuss. Ich will sofort auch eine Rosineeee. Rabääh, rabääh!«. Natürlich will man die, und zwar für sich ganz alleine. Oskar im Zweifel auch.

Dass »alle irgendwann mal Glück haben«, damit liegt David natürlich leider trotzdem völlig falsch. Das Glück ist sehr, sehr ungleichmäßig verteilt, vielleicht sogar innerhalb der eigenen Familie. Das könnte man mit fünf Jahren aber wirklich auch mal wissen.

Durch ihr ganz eigenes Persönlichkeitchen bestimmen Kinder die ihnen jeweils zukommende Erziehung auf ihre Weise mit. Meines Erachtens stellen Chancengleichheit und Gleichberechtigung zentrale, zu schützende beziehungsweise irgendwann mal zu realisierende Werte dar. Beobachtet man sich allerdings selbst im Umgang mit seinen eigenen Kindern, so bemerkt man doch erschreckend viele Ungereimtheiten allein innerhalb der eigenen vier Wände. Denn Genpool hin oder her, auch die eigenen Kinder kommen trotz weitgehend vergleichbarer Herstellungsweise ziemlich different, um nicht zu sagen ganz schön voneinander abweichend daher. Auch deshalb sollte man seinen eigenen Beitrag zum Endprodukt grundsätzlich nicht überbewerten – vor allem als Mann. Bei Anlieferung war ich stets dabei und vermute nicht nur deshalb, dass es trotzdem alles meine beziehungsweise unsere Kinder sind. Klar, gewisse phänotypische Familienähnlichkeiten würden es mir und anderen ermöglichen, die drei auf einem überfüllten Spielplatz als echte Zingsheims zu identifizieren, aber ansonsten hat man es schon bei kleinsten Kindern mit absoluten Individualisten zu tun.

Ich habe schnell gemerkt, wie dieser Umstand mein Verhalten den drei Puzzipuzzis gegenüber beeinflusst. Da erscheinen dann plötzlich eiserne pädagogische Grundüberzeugungen als furchtbar relativ, felsenfeste Ansichten im Zusammenstoß mit zweiten und dritten Zöglingen plötzlich als gar nicht zwangsläufige, sondern als durchaus verhandelbare Leitsätze. (Wenn man eh nie welche hatte, also Leitsätze und Ansichten, dann kann man natürlich ganz getrost auch sieben Kinder kriegen, ohne dass man irgendwelche Veränderungen bemerkt.)

Der eine Sohnemann wirkte irgendwie schon mit vier Tagen total erwachsen und geradezu weise in die Ferne blickend, der andere sah noch mit fast drei Jahren dermaßen putzelig-schnutzelig aus wie ein frisch geschlüpftes Baby par excellence. Den dritten ... also den muss ich mir noch mal genau anschauen. Der ist aber sicher auch ganz ähnlich, sprich total anders, und zwar im Vergleich zu beiden – verrückte Sache!

Die ähnliche Unterschiedlichkeit beziehungsweise die unterschiedliche Ähnlichkeit zum Beispiel meiner drei Kinder geht nicht spurlos an den erzieherischen Turnübungen vorbei. Gibt der eine sich pseudoerwachsen und in der Regel geradezu beeindruckend vernünftig, so wird er eben auch dementsprechend behandelt. Nicht, dass ich dem viereinhalbjährigen Bübchen morgens eine Aktentasche samt Steuerunterlagen ins Händchen drücke, aber manchmal vergesse ich doch, wie klein er eigentlich noch ist, und merke, dass er mich mit seiner schlauen und verständigen Art mal wieder getäuscht hat. Denn umso größer ist natürlich der Ärger des zu Unrecht aus allen pädagogischen Wolken fallenden Vaters, wenn dieser viereinhalbjährige Pupsi auf die komplett irrwitzige Idee kommt, sich tatsächlich wie ein viereinhalbjähriger Pupsi zu benehmen – kann man ja unmöglich mit rechnen. Womit man jedoch rechnen kann, ist, dass man dem zwei Jahre jüngeren Wonneproppen dagegen kaum die Leviten gelesen kriegt, weil er eben so wonneproppig strahlend dreinschaut, selbst wenn er dabei gerade in einer matschigen Pfütze aus teurer Handcreme steht, die er übrigens ganz alleine Tube für Tube rausgedrückt hat. Wollte sicherlich auch mal raus, die arme Creme.

Rechnet man dann noch die Tatsache ein, dass auch die Geburtsreihenfolge zumindest nicht ganz unbedeutend für Eltern wie für Kinder ist, da man sich von »Oh, mein Gott, was ist passiert? Ich hab ihn seufzen gehört!« über beliebig viele Stationen zu »Na, solange er nicht richtig laut schreit, kann's ja nicht so schlimm sein« entwickelt, so ist Gleichberechtigung bereits innerfamiliär eher ein Pünktchen auf einer endlos langen To-do-Liste als ein gegebener Ausgangspunkt. Im besten Fall lernt man durch und mit Kindern also beides: Ungerechtigkeiten ausgleichen *und* Unterschiede akzeptieren. Das allerdings ist fraglos eine zutiefst politische Aussage in dem Sinne, dass sie eben fast nichts aussagt.

Clausewitz, der so etwas wie der Guido Knopp des frühen 19. Jahrhunderts war, soll in etwa gesagt haben, kein Plan überlebe den Kontakt mit dem Feind. Genauso ist es häufig mit erzieherischen Maximen, die sich mal mehr, mal weniger durch den Kontakt zu Kindern zwangsläufig ändern, wandeln und am Ende wohl als eine Art Gemeinschaftsprodukt gelten müssen.[3]

Sprachlich gesehen beziehungsweise gehört, besteht Erziehung aus einer endlosen Reihe baugleicher Wenn-dann-Konstruktionen unter Hinzunahme einer Art kategorischen Imperativs. »Mach! Komm! Lass! Wenn nicht, dann aber hallo!« Kinder wachsen in einer sprachlichen Dauerschleife aus verbalen Erpresserbriefen und Befehlsschreiben auf. Anders als beim Militär ist jedoch die Beifügung des Wörtchens »bitte« durchaus erlaubt und sehr zu empfehlen. Übrigens habe ich häufig den Eindruck, dass für viele Erwachsene die Wörter »bitte« und »danke«

---

3 Das Zitat wird Clausewitz im Übrigen lediglich zugeschrieben. Tja, Carl, geht auch mir häufig so. Wenn mein Sohn wiederholt, was ich gestern angeblich zu ihm gesagt haben soll, denke ich nicht selten: »Nee, also wirklich nicht, das muss aber jemand anderes gewesen sein, mein Freund!«

ebenfalls komplett neuartig wären, und träume manchmal von einer flächendeckenden Verbreitung. Funktioniert allerdings schon in der Bäckerei überhaupt kein Stück, da die meisten Menschen »Ich krich drei Brötschn!« ernsthaft für eine Bestellung halten.

Übrigens ist Kindern sprachliche Logik pupsegal, weshalb es ja so schwierig ist, sie trotz sachlich vorgetragener Beweggründe und einer völlig rationalen Argumentation von der Richtig- oder Notwendigkeit einer Sache zu überzeugen. Im Zweifel halten die kleinen Kommunikationsprofis es mühelos aus, das Fragewort »warum« dreihundert Mal hintereinander zu benutzen. Am Ende liegen Sie als Elternteilchen mental wie auch körperlich am Boden und sind mit Ihrer Überzeugungsarbeit keinen Schritt weiter. Kinder verwenden das Wörtchen »warum« als eine Art sprachliche Selbstverteidigung und äußerst strategisch. Erwachsene benutzen es dagegen viel zu selten. Würden wir die Welt und die uns in ihr begegnenden Experten, Politiker, selbsternannten Weisen und Propheten auch nur annähernd so häufig mit der wunderbaren Frage nach dem Warum konfrontieren, würden wir sicherlich deutlich seltener verarscht, egal ob bei Wachstumsprognosen, Riester-Rente oder dem Leben nach dem Tod. Warum? Ist eben so!

5.

Kulturschock

Von reichen Witwen, mittelalterlichen Traktaten und den Immobiliati

Plötzlich ein Kind sein und Eltern werden kommt einem beiderseitigen Kulturschock gleich. Das klingt zunächst einmal furchtbar negativ, weil sich ganze und sogenannte Zivilisationen herzlich schwer mit großen Umwälzungen tun. Im vermeintlich Fremden immer auch sowohl das Eigene wie auch völlig unabhängig davon ein hohes eigenständiges Gut zu erkennen klappt innerfamiliär zumeist fluffiger, selbstverständlicher als in von Angst und Vorurteilen bestimmten Gesellschaften größerer Dimension. Vielleicht hat ja bedingungslose Liebe etwas damit zu tun. Wer weiß?

Könnten unter einem Jahr alte Mitbewohner ihren Gedanken halbwegs adäquat Ausdruck verleihen, sie würden uns gewiss von faszinierenden sowie manchmal beängstigenden täglichen Kulturschocks berichten. Unvorstellbar für ihre erwachsenen Gefährten, mit welcher Masse an noch zu erlernenden Kulturtechniken die Fuzzis im Laufe der Jahre konfrontiert sind: lesen, schreiben, telefonieren, Auto fahren, kochen, genervt gucken ... Auch andere Menschen im Straßenverkehr während der Rushhour anschreien muss man sich erst mal draufschaffen.

Mit dem Begriff »Kultur« verbinden wir häufig sogleich altehrwürdige, hochtrabende und überkomplex bedeutungsschwangere Vorgänge, sei es im Bereich der Hoch- oder auch der Subkultur, sei es bei einer Lachenmann-Uraufführung oder beim Flashmob. Doch Kultur ist überall, und wo keine ist, wird sie gefördert. Jede Kleinstadt hat mittlerweile drei Festivals: eins für neue, eins für alte und eins für schlechte Musik. Oder wahlweise Freilichtstummfilmkino mit Tapas to go. Selbst an der Wand im Wartezimmer beim Zahnarzt ist alles voller Landschaftsgemälde. Keine schönen, aber eben sehr, sehr viele.

Was wir in der Regel als Kultur im engeren Sinne bezeichnen, war jedoch immer schon Wettkampf und Leistungsdenken, war und ist Aussieben nach Stromlinienform. Nach wie vor überstehen viele junge Musikhochschulabsolvent*Innen ihre berufsentscheidenden Orchestervorspiele nur mit ordentlich Betablockern intus vor lauter Versagensangst. Aber wir finden das nett. Sich wie im Zirkus gedrillte Wunderkinder angucken, das nennt man in Deutschland Konzertabo. Die einen gehen sonntagmorgens in den Tierpark, die anderen hören sich abends dressierte Brülläffchen in der Oper an.

Und gleichzeitig wollen alle so authentisch sein! Darauf wird zum Beispiel bei Castings besonders geachtet: dass alle möglichst gleich, also ganz gleich, im Sinne von identisch authentisch sind. Wie will man sonst auch vergleichen? Wo sind eigentlich deren Eltern, ich meine die Erzeugerinnen und Erzeuger dieser armen Kandidätchen? Na klar, im Publikum – das sind ja Fans, die am strahlenden Glanz des Nachwuchses teilhaben wollen, und das wohl seit Menschengedenken. Meinen Sie, Mozart hätte sich ohne Papa Leopolds Einfluss an ein Klavier, bei dem die Tasten mit einem Tuch verhüllt sind, mitten auf den Marktplatz gesetzt und Kunststückchen präsentiert? Freiwillig? Am liebsten hätte Papa Leopold vermutlich ein Stadion gemietet, wenn so etwas schon verfügbar gewesen wäre.

Wolfgang Mohr, der für die Plattenfirma Teldec junge Talente scoutete (also gewissermaßen stalkte), sagte einst in einem Interview im *Focus*: »Die psychische Belastbarkeit ist ein ausschlaggebender Faktor, wenn wir uns für einen jungen Musiker entscheiden.« Herrlich – und Hauptsache, immer schön authentisch, gell? Sonst sagt Dieter Bohlen am Ende: »Eh, du siehst voll scheiße aus und bist so authentisch wie 'ne Dose Cola bei Aldi im Regal!«

Alle wollen neuerdings immer so echt sein, so real, so nätschural. Das ist ganz wichtig derzeit, diese sogenannte Authentizität, obwohl man das Wort kaum unfallfrei aussprechen kann. Aber vielleicht ist es am

Ende ja typisch Mensch, unecht zu sein – immerzu zu spielen, zu täuschen, lediglich so zu tun als ob. Wie Erving Goffmann schon sagte: »Wir alle spielen Theater.« Die einen haben eine Hauptrolle zum Beispiel in der freien Wirtschaft und können richtig was bewegen, andere werden eben Politiker. Die Welt als Bühne, Theatrum Mundi. Früher glaubte man freilich, da guckt auch jemand zu, also ein Gott. Gott, so dachte man, schaut den Menschen quasi beim Performen zu. Und liked, wenn es ihm gefällt. Vielleicht sagt er sogar »lol«, wenn es richtig lustig war.

Heutzutage sitzen im großen Welttheater glücklicherweise noch jede Menge anderer Götter neben Gott und schauen ebenfalls zu: Google, amazon, BND, NSA, die Nachbarn mit ihren Kissen in den Windows. Da sollten wir froh sein, wenn wir nicht allzu echt und natürlich daherkommen und lieber lediglich eine frei erfundene Rolle vorspielen – am besten jeden Tag eine andere, dann kommen die irgendwann durcheinander. Wir müssen die alle verwirren, auch durch absurdes unlogisches Kaufverhalten. »Kunden, die diese CD von Modern Talking und dieses Buch von Immanuel Kant kauften, kauften auch … ähh … ähh …« Da geht denen der schöne Algorithmus vor die Hunde!

Kultur ist seit jeher ein Kampfbegriff, der auch auf dem Schlachtfeld der Erziehung in Stellung gebracht wird. Und so kommt es in regelmäßigen Abständen zu Postulaten, in denen das Ende, der

Untergang sowie das angebliche komplette Zu-
sammenbrechen der Kultur schlechthin befürchtet,
prophezeit und als Schreckensszenario aufgebaut
wird. Gerne mit unbelegten Thesen wie etwa der
Behauptung, Kinder und Jugendliche würden heutzutage kaum noch lesen. Dabei lesen und schreiben
sie den ganzen Tag, nur eben auf Smartphones. Das
kann man finden, wie man will, aber die Zerstörung
des Regenwaldes geht eher auf Kosten von deren
buchverrückten Eltern und Großeltern, für die eine
Schrankwand voller Weltliteratur den entscheidenden
Beweis ihrer Zugehörigkeit zur Hochkultur darstellt,
ob die Bücher nun gelesen sind oder nicht.

Nimmt man einmal an, dass Kultur im weitesten
Sinne das Zusammenleben von in der Regel komplett bekloppten Individuen erleichtern soll, so ist es
fürs Erste zweitrangig, ob der aktuell nachwach-
sende Nachwuchs gerade hauptsächlich Geige spielt
oder Gotcha (Pseudokrieg mit Farbkugeln im Wald),
ob Hannah-Fee bei Justin Bieber Tränen in den
Augen hat oder bei Hindemith (oder bei beiden aus
ganz unterschiedlichen Gründen). Ebenso ist es alles
andere als lebensentscheidend, ob Tristan Fernando
sich für die Entstehungsbedingungen des Tonfilms
in den 1920er Jahren interessiert oder versucht, mit
einem vierzehn Meter langen Selfie-Stick ein Grup-
penfoto zu schießen. All dies sind mehr oder weniger
Detailfragen, an denen man sich als pädagogisches
Begleitpersonal nicht über die Maßen abarbeiten

sollte. Das, was das Leben mit unzähligen anderen Menschen halbwegs erträglich macht, sind in Wahrheit die angeblichen Sebstverständlichkeiten, die kleinen, unscheinbaren, ja basalen Kulturtechniken, deren Gewicht erst spürbar wird, wenn ihr Ausbleiben eintritt: vernünftig »hallo« und »tschüss« sagen, gegebenenfalls Hände schütteln, antworten, wenn man was gefragt wird, drinnen die Schuhe ausziehen, Sprechlautstärke der Situation anpassen, auch mal jemanden ausreden lassen, generell sprechen statt hauen, Nahrungsaufnahme und Stuhlgang in unterschiedlichen Räumlichkeiten erledigen – fertig. Sämtliche darüber hinausreichenden Entscheidungen bezüglich Mozart vs. Sido, van der Vaart vs. van Gogh und Dostojewski vs. WhatsApp soll doch bitte jede und jeder einer jeden Generation selbst entscheiden und verantworten.

Für die oben genannten kulturellen Mindestanforderungen allerdings trägt man als Eltern eine tatsächlich immense Verantwortung. Ob die Tochter dann schlussendlich Teilchenphysikerin mit großem Interesse für ostasiatische Kunst wird, die in ihrer knapp bemessenen Freizeit Originalhandschriften mittelalterlicher Traktate analysiert, wäre mir persönlich jetzt nicht so wichtig, wie dass sie mir halbwegs freundlich »Guten Tag« sagt, mir nicht grundlos in der Straßenbahn vors Schienbein tritt und sich nach dem Toilettengang die Hände wäscht. Zugegeben, mittelalterliche Traktate sind natürlich trotzdem voll toll. Händewaschen ist aber noch viel, viel wichtiger.

Der kurz nach der Geburt einsetzende Kulturschock auf Seiten der frischgebackenen Eltern führt nicht selten sogleich zum Packen von Umzugskartons, wenn man nicht schon pränatal prophylaktisch die Wohnstatt gewechselt hat. Ja, auch wir sind pro Kind etwa fünf Kilometer weiter weg von der sogenannten City gezogen. Die mit Nachwuchs schlagartig einsetzende Sehnsucht nach mehr Grün und weniger Verkehr hat bei uns zu dem Umstand geführt, dass wir zweieinhalb Jahre lang in einem uns bis dato gänzlich unbekannten Stadtteil wohnten. Genaugenommen lebten wir in Köln-Marienburg, was ein bisschen verrückt ist, denn Marienburg gilt als das klassische Reicheleuteviertel mit vielen Villen und Witwen. Allerdings kam der Umzug dorthin ziemlich zufällig zustande, denn wenn wir umziehen, dann ziehen wir mit Kind beziehungsweise Kindern und Klavier um. Das bedeutet, dass wir als Wohnungssuchende bei Hausgemeinschaften ungefähr so beliebt sind wie ein Wasserrohrbruch am 24. Dezember.

Ausgerechnet im pittoresken Marienburg jedoch gab es eine ältere Dame, die – man muss es so sagen – praktischerweise taub und blind war. Bitter für sie, aber für uns eine regelrechte Win-win-Situation. Denn als diese entzückende Madame von uns hörte, meinte sie sofort, da sähe sie gar kein Problem.

Seitdem wohnten wir also dort. Und das ist schon beeindruckend. Morgens, wenn die Sonne aufgeht über Köln-Marienburg, fahren die wohlhabenden Damen gerne Brötchen holen beim Biobäcker – mit ihrem schwarzen Range Rover, diesem Riesenteil; intern nennen die Marienburger den mittlerweile sogar »Hausfrauenpanzer«.

Obwohl Hausfrau begrifflich eigentlich auch falsch ist, denn im Haushalt schaffen die ja kaum etwas. Bei zwei Putz-, vier Kinderfrauen und einem Au-pair für den Gatten bleibt für dich als Frau kaum noch etwas übrig. Allerdings sind die schon aktiv – sehr aktiv sogar. Sie machen alle nämlich viel Charity. Das heißt, sie machen nicht nichts, sondern sie machen *ehrenamtlich* nichts. Ich dachte lange Zeit, Menschen seien doch eigentlich alle gleich. Ja, stimmt – aber die einen haben einen Halbtagsjob, bohren in der Nase und kriegen stündlich mehrere Millionen überwiesen, während die anderen viereinhalb Jobs bewältigen und trotzdem nicht über die Runden kommen. Ansonsten sind jedoch alle irgendwie sehr, sehr gleich.

Nur für die reichen Männer stimmt das nicht. Bei denen habe ich sofort bemerkt, dass die irgendwie anders sind – keineswegs so materialistisch, wie man es ihnen gerne nachsagt. Sprich: Sie hängen nicht so schrecklich an den materiellen Dingen des Lebens wie unsereiner. Einer von denen erzählte mir einmal allen Ernstes: »Mensch, die haben uns gestern zum zweiten Mal den nigelnagelneuen Jaguar XJ vor der Haustür weggeklaut.«

Daraufhin meinte ich verständnisvoll: »Ui, das ist ja schrecklich. Hast du denn die Polizei verständigt?«

»Nö«, erwiderte er, »ich hab mir heute Morgen 'nen neuen gekauft.«

Ich konnte das erst gar nicht verstehen und sagte noch total blöd: »Ja, aber vielleicht finden die den Wagen doch, und ihr habt ihn heute Nachmittag schon wieder.«

Woraufhin er mit großer Selbstverständlichkeit feststellte: »Och, Martin, dann hat da jemand drin rumgesessen … willste ja auch nicht mehr fahren, so 'nen Schrott!«

Die Reichen hängen eben nicht so krampfhaft an den irdischen Gütern und sind eher ideell eingestellt – toll.

Spätestens ab dem zweiten Kind gehören Erwachsene übrigens automatisch zu einer Art Geheimbund. Dabei handelt es sich um die sogenannten »Immobiliati«. Die Immobiliati ähneln in ihrem Fanatismus durchaus den altbekannten Illuminati, nur heißen die Götter eben LBS und Bankbürgschaft. Die Immobiliati entscheiden sich zwischen Rausziehen aufs Land oder Wohnungsknappheit in der Innenstadt. Sprich: Sie wählen zwischen bezahlbarem Wohnraum (dann aber mit 14 Meter hoch gehisster Deutschlandflagge im Vorgarten des Nachbarn) oder eben jeden Abend drei Stunden Parkplatzsuche vorm innenstädtischen Loft im Rucola-Viertel.

Zum Glück hat man auch für dieses Phänomen ein Wort gefunden: Gentrifizierung. Oder wie man in London sicherlich mittlerweile sagen würde: »Oh, shit. My old wohnung has now a new klo from Villeroy & Boch and nun I cannot me leist it anymore!« Diesbezüglich ein kleiner Hinweis, den ich neulich einem Immobilien-Fachmagazin entnehmen durfte: Die Kaltmiete sollte nach Möglichkeit niemals mehr als 110 Prozent des monatlichen Grundeinkommens betragen!

Ebenso war es im feinen Marienburg, wo mich auf dem Spielplatz eine ältere Dame, die offensichtlich mit ihrem fuzzeligen Enkel unterwegs war, ansprach und fragte, ob ich ein feuchtes Tuch dabeihätte, mit dem ich ihr aushelfen könnte. Na klar – mein Gott, mit feuchten Tissues bin ich seit der Geburt meines ersten Sohnes standardmäßig ausgerüstet; häufig führe ich gleich mehrere Sorten mit mir, man weiß ja nie. Ich ging davon aus, dass der kleine zukünftige Alleinerbe sich wahrscheinlich komplett eingeschissen hatte, worauf seine gutbetuchte Oma nicht vorbereitet war, und bot ihr gleich eine beachtliche Auswahl feuchter Tücher an.

»Nein, nein, danke, eins reicht. Mein Enkel hat in den Sand gefasst!«

Ist nicht wahr? Echt? In den Sand? Mit den Händen? Einfach so? Und das auf dem Spieplatz? Hoffentlich muss er nicht sterben. Ich sprach ihr mein herzlichstes Beileid aus und überlegte bereits, was der nächste Umzug wohl kosten würde.

Fünf Kilometer weiter raus pro Kind bedeutet jedoch fraglos immer wieder einen neuen Kulturschock. Noch zwei, drei Kinder mehr, und ich wohne in Bonn. Ich denke, es ist langsam an der Zeit, ernsthaft über Verhütungsmittel nachzudenken.

6.

*»Ich möchte aber mal ein Haus essen
und die Fenster auch!«*
Kinder und Ernährung

Essen ist neben Schlafen und Sprechen der zentrale
Knackpunkt der Erziehung. Und knacken sollte es
ruhig regelmäßig. Also beim Gemüse. Immer schön
knackig, sonst gehen die ganzen witzigen Vitamine
flöten. Außer bei Möhren, da ist es wohl andersherum. Habe ich jedenfalls gehört, so ganz einig ist
man sich da anscheinend noch nicht.

Wenn Kinder nicht gerade schlafen oder sprechen, haben sie Hunger. Allerdings sprechen sie
auch beim Essen. Wenn sie dagegen beim Schlafen
Hunger haben, haben Sie als ein Eltern ein Problem,
denn dann schlafen die Kinder ja strenggenommen
gerade gar nicht. Wenn Kinder von Zeit zu Zeit im
Stühlchen sitzend beim Essen einschlafen, ist das
wiederum nicht weiter schlimm, denn so schafft
man den Abwasch ausnahmsweise in Ruhe und
noch am selben Tag. Wenn Ihre Kinder jedoch im
Bett essen, dafür aber kaum schlafen, weil sie nachts

sprechen, so würde ich mir an Ihrer Stelle Hilfe holen.

Als ich einer Freundin auf die Frage, was sie ihrem Töchterchen nach der Stillzeit denn so als Brei geben könne, sagte, sie solle doch einfach das, was sie für sich selbst koche, mit ohne viel Salz pürieren, schaute sie mich entgeistert an und fragte ungläubig: »Pizza???«

»Eltern brauchen eigentlich immer Hilfe, jedenfalls wird ihnen das so suggeriert. Dies gilt vor allem beim Thema Essen.« Hilla Tildmann: *Kinder leben gesünder mit toten Tieren. Das Schnitzel-Manifest.* Berlin-Prenzlauer Berg 2015, S. 1

Ja, die Grundpfeiler der eigenen Nahrungsaufnahme ändern sich mitunter durch den Nachwuchs. Das müssen sie zwar nicht, es wäre jedoch gesünder. Und zwar für die Eltern. Ansonsten empfehle ich, die Tiefkühlpizza vor dem Pürieren gründlich aufzutauen, wenn nicht sogar gut durchzubacken, da man sonst täglich einen Mixer und zwei Pürierstäbe schrottet. Und das macht die Sache mit dem Essen nicht gerade nachhaltiger.

Essen liegt voll im Trend – genaugenommen ist es hip, über Essen nachzudenken. Zwar hat die Menschheit es mehrere Jahrtausende lang irgendwie geschafft, ganz ohne Fernsehköche, Ernährungsberaterinnen und Rohkostseminare zu überleben, aber ehrlich gesagt bin ich als küchenaffiner Papa und erklärter Ökofuzzi voll dabei und könnte mich stundenlang über Techniken des richtigen Dünstens und über handgeschöpftes Sauerampfer-Pesto unterhalten.

Essen ist und bleibt politisch. Denn mit kaum einem anderen Aspekt des Lebens kann man so leicht und mühelos – und das gleich mehrmals am Tag und so grundsätzlich – den eigenen körperlichen Zustand, den Umgang mit Tieren und Ressourcen, wirtschaftliche Prozesse und die Arbeitsbedingungen anderer Menschen beeinflussen. Darauf muss man nicht erst durch Kinder kommen, spätestens dann lohnt es sich aber wirklich.

Abgesehen davon ist Essen natürlich lecker und in den meisten Familien immer auch ein logistisches Abenteuer und zwischenmenschliches Drama. »Essen ist fertig« – Eltern auch! Kaum steht alles verlockend dampfend auf dem Tisch, muss garantiert einer gewickelt, ein anderer getröstet und ein weiterer aus dem nur von außen zu öffnenden Kleiderschrank gerettet werden. Wir kochen echt leckeren Kram zu Hause, aber irgendwann möchte ich ihn auch mal wieder warm zu mir nehmen. Zumindest lau.

Fraglos kann man im Hinblick auf Nahrung den Weg des scheinbar geringsten Widerstandes gehen und sein Kind fünfzehn Mal am Tag mit einem Weingummi-Tier »belohnen«. Allerdings grenzt das schon fast an Körperverletzung.

Auch beim heutzutage komplizierten Thema Essen mag der ein oder andere denken, früher sei alles besser gewesen. Aber das stimmt nicht. Was dagegen stimmt, ist: Früher war alles fetter, genaugenommen im Wortsinne tierisch fett. Zum Beispiel glaube ich, dass das einzige fleischlose Gericht, das meine Mutter beherrschte, Apfelpfannkuchen waren. Und selbst dabei würde ich darauf wetten, dass Speck drin war. Schmeckt ja auch besser, nicht wahr?

Immer und überall dieses Fleisch. Noch heute gucken sich viele so ein kleines Schaf, so ein klitzekleines Lämmchen auf der Wiese an und denken wahrscheinlich: »Hä? Wo ist denn der Spieß? Wie soll sich das arme Ding denn drehen? Entschuldigung, hier sind Haare an meinem Döner!« Ab und zu gibt es einen kleinen (huch, jedes Mal total super überraschenden) Skandal um Massentierhaltung. Dann kommen alle aus ihren Löchern und klagen verzweifelt: »Also, man weiß wirklich nicht, was man noch essen soll!« Nur um zwei Tage später genüsslich Geschnetzeltes, Cordonbleu und Gulasch zu bestellen. Denn zum Glück gibt es allerfeinste Gütesiegel, die sehr glaubhaft belegen, dass bei der Fleischproduktion (bei den Preisen würde ich sagen: bei der industriellen Tötung von Tieren) der Tierschutz beachtet wurde. Toll! Bestimmt gibt es bei CIA-Gefangenenverhören auch Folterinstrumente, die nachweislich klimafreundlich sind. Ich denke da an CO_2-neutrales Waterboarding oder Elektroschocks mit Ökostrom aus Bürgerhand.

Beim Thema Essen sind Menschen und Eltern außerordentlich kompetent in Sachen Wegschauen und Verdrängen. Zum Glück werden ja die Schnitzelchen irgendwo in abgeriegelten Hallen ohne Tageslicht in Akkordarbeit zusammengelötet und eingeschweißt. Wenn all das schön bei uns daheim in der Küche passieren würde und man dort den Schweinchen das Schwänzchen kappen, die Zähne stutzen und sie ohne Betäubung kastrieren würde, kämen sicherlich viel mehr Menschen auf die Idee zu sagen: »Mensch beziehungsweise Tier, so geht's nicht weiter, die armen, armen Ferkel. Ich bestelle in der Kantine heute mal ganz bewusst etwas vom Rind!«

Kindern ist eine Unterteilung in fleischhaltige und fleischlose Nahrung ohnehin wurst. Letztens kam mein mittlerer Sohn, knapp dreijährig, aus dem Kindergarten und antwortete auf meine Frage »Na, gab's heute Gemüse zum Mittagessen?« schlicht und ergreifend mit »Nö, Möhren!«. Ich schätze, würde ich Panade drum herummachen, könnte ich ihm die orangefarbene Delikatesse glatt als Würstchen verkaufen.

Übrigens leistet unsere zutiefst euphemistische Sprache beim Themengebiet Nahrungsaufnahme tagtäglich erstaunliche Dienste. Es macht eben schon einen gewissen Unterschied, ob man »gute deutsche Hausmannskost« sagt oder das Ganze als »tote Tiere in fettiger Sauce« bezeichnet. Die Wörter isst man quasi mit. Deklaration ist total wichtig für den heutigen informierten Verbraucher. Immer wieder schön nachzulesen ist das auf Honiggläsern: *Honig aus*

EU- und aus Nicht-EU-Ländern. Ach so … na, da weiß man richtig gut Bescheid als Kunde.

Ich verstehe, dass der Hysterismus beim Thema Essen einigen Zeitgenossen auf den Vollkornkeks geht. Aber gerade weil Essen etwas zutiefst Alltägliches ist, sollten wir darüber nachdenken; was nicht bedeutet, dass man es nach Christentum, Nationalsozialismus und sozialer Marktwirtschaft zur nächsten totalitären Religion erheben muss, angeführt von Papst Attila dem Ersten und einer Heerschar militanter Veganer. Immer wenn Menschen eine vermeintlich fesche Idee für sich entdecken, neigen sie gern zum missionarischen Übereifer – da unterscheiden sich militante Veganer in ihrem Verhalten nur bedingt von christlichen Kolonialherren und Kreuzrittern vergangener Tage. Gleichzeitig muss man nicht aus Rücksicht auf neophobe Bequemlichkeitskonservative sofort jedes neue Thema, mit dem liebgewonnene und unreflektierte Verhaltensweisen hinterfragt werden, ausschließlich als weltfremden Öko-Spleen einer besserverdienenden Bio-Elite abtun.

Vielleicht konzentriert sich mal wieder jeder primär auf seine eigenen Widersprüchlichkeiten: die überzeugten Fleisch- und Milchkonsumenten auf die Fragen nach den Folgen ihres Handelns für Klima, Arbeitswelt und Körper und wir scheinheiligen Veganer auf die Frage, wie viele in minikleine singlekompatible Plastikverpackungen eingeschweißte, überwürzte und fetttriefende Weizen-, Lupinen- und Sojaprodukte man für ein gutes Gewissen eigentlich im Einkaufskörbchen haben muss. Wie war das doch gleich mit diesem Balken im eigenen Auge? Genau, den sollte man immer schön den anderen über die Rübe ziehen ...

Liebe Fleischfanatiker, es ist noch kein Notstand ausgebrochen, weil das ein oder andere Café mittlerweile unter anderem einen veganen Couscous-Salat mit Minze anbietet. Und liebe Veganer, kommt ja nicht auf die Idee, ihr hättet das Recht, euch als angeblich bessere Menschen über eure Mitmenschen moralisch zu erheben. Das ist nämlich ähnlich unsympathisch wie Formschinken für 1,20 € das Kilo.

Viele glauben ja, es sei heute nahezu unmöglich, auf der Bühne noch provozieren zu können, Entrüstung zu erzeugen, ungläubige Gesichter hervorzurufen. Doch man referiere einfach mal ein paar Minuten lang über das Essen, Dressieren, Verarbeiten und Töten von Tieren – schon hat man in einigen Gegenden Deutschlands eine Stimmung wie bei Katholizismus-Pointen vor einigen Jahrzehnten (oder heute noch in Niederbayern).

Ich gehöre keineswegs zu den Nahrungsutopisten, die ernsthaft glauben, wir steuerten innerhalb kürzester Zeit auf eine tierfreundliche, ökologisch reflektierte und auf Alternativen ausweichende Essensgesellschaft zu. Viel zu tief sind die Hamburgerdüfte, Salamiexzesse, Schinkenorgien, Würstchenpartys und Zwiebelmettberge unhinterfragte Bestandteile einer sogenannten kulinarischen Normalität der schmatzenden Mehrheit. Und ich selbst hätte niemals den Anspruch, sich bereits im Seniorenalter befindende Kabarettzuschauerinnen zu irgendwelchen Fenchel-Chutneys mit Cashewkern-Carpaccio zu bekehren.

Wer jedoch unsere zukünftige Art und Weise, zu konsumieren, zu produzieren und auch zuzubereiten, wirklich nachhaltig beeinflusst, sind die vielen Millionen Mütter und Väter, die ihren kleinen Tischnachbarn daheim einen kulinarischen Horizont vererben. Ob dieser von McRib bis Schweinewürstchen im eigenen Darm reicht oder doch auch Vollkornmehl, einen Kohlrabi oder sogar ein selbstgezogenes Radieschen umfasst, ist eine nur scheinbar lapidare, in Wahrheit jedoch weitreichende Entscheidung.

Als ich mich einmal prophylaktisch über umliegende Kölner Grundschulen und deren Konzepte informieren wollte, befanden sich auf vielen Homepages der betreffenden Einrichtungen überraschenderweise auch die Speisepläne als runterzuladende Datei. Das hätte ich mir als Schulleiterchen vielleicht noch einmal überlegt. Nicht ohne Stolz wird da auf die bewusste, ausgewogene Ernähung im Offen-Ganztags-Vollzug verwiesen. Wie zum angeblichen Beweis finden sich dienstags Currywurst mit Pommes und als Nachtisch Eis sowie donnerstags Fischstäbchen gefolgt von Wackelpudding im Menü. Alles nicht letal in seiner Wirkung, schon klar, aber es bleibt doch einigermaßen rätselhaft, wie Erwachsene sich Kalorien zählend, fatburnend, nordisch walkend, reine Safttage einlegend, regelmäßig entschlackend, vegetarisch im Wok dünstend und Quinoa kauend vortrefflich um sich selbst kümmern, gleichzeitig ihren Sprösslingen aber den Kontakt zu frischen, vollwertigen, nicht schon vor Monaten geschredderten, für fünfzehn Jahre haltbar gemachten und dann eingeschweißten Nahrungsmitteln verweigern.

Fraglos kann man es mit Ernährungsbedenken übertreiben. Ich bin mittlerweile so fixiert auf Fragen der korrekten Verpflegung meiner Buben, dass ich manchmal im Café, wenn sich neben mir jemand einen frisch gepressten Orangensaft bestellt, heimlich still und leise denke: »Na, da wird aber jemand heute Abend einen ganz schön roten Popo haben!« Egal, wenigstens gehe ich nicht rüber an den Tisch des Herrn und stülpe ihm ein Lätzchen über den Kopf. Obwohl er es durchaus gebrauchen könnte, die kleine Schlabberwutz.

Ich allerdings bin auch dann nicht unbedingt hysterisch, wenn es um Hygiene und Sauberkeit beim Essen geht. Manche Eltern sind diesbezüglich ja am Dauerdesinfizieren – vermutlich haben sie statt Maggi eine Flasche Domestos auf dem Tisch stehen. Nun ja, klar kann man auch bei uns vom Boden essen – aber eben nur, weil da so viel liegt.

Schlussendlich ist Ernährung ohnehin das vortrefflichste Themenfeld für scheinheilige Doppelmoral. In Berlin-Friedrichshain sah ich letztens einen wunderbaren Laden, dessen Spezialität hochkalorischer Vöner ist, also eine vegane Abart des allseits beliebten Billigfleisch-Döners – herrlich. Und niemand, ja tatsächlich niemand geht in Deutschland mittlerweile noch bei McDonald's essen; dennoch kann einem praktisch jeder auf Anhieb bestätigen, dass die nach wie vor den besten Cheeseburger haben. Wenn es sich für den Konzern rentiert, demnächst wohl auch in vegan. Ich rechne bereits fest mit einem fetttriefenden Vurger (sprich: Würger) mit Käseersatz, Tofubratling und einer Kiwisauce, die mehr Bonusmeilen auf dem Konto hat als so manche Topmanagerin.

Dieser lustige Geselle mit dem kessen Blick und der Sturm-frisur stellt laut meinem Sohn einen Fuchs dar. Ich muss dringend mal wieder in den Wald, fürchte ich.

7.

Atemlos durch die Nacht
Beziehungsweise: Träum was Schönes!

Nicht nur die CIA klopft Menschen mittels Schlafentzug weich. Steht man frühmorgens vor dem Kindergarten, kann man miterleben, wie quietschfidele
Nachwüchslerinnen und Nachwüchsler von augen-
geränderten Zombies abgeliefert werden. Danach
brechen die elternähnlichen Untoten für mehrere
Stunden in sich zusammen, sprich: Sie gehen arbeiten.

Als Vater dreier in der Regel zwischen elf und
dreizehn Stunden fantastisch durchbumpelnder Jungs
gehöre ich zu einer anerkannten Minderheit, die sich
vor 8.30 Uhr allerdings schön bedeckt halten sollte.
Man verzichte auf dem Weg zur Kita besser auf gut-
gelauntes Schlendern und ausgelassenes Pfeifen während der Abgabezeiten. Sonst wird man von leblosen,
dunkel geränderten Elternaugen hasserfüllt angestarrt, als habe man selbst sie letzte Nacht wach ge-
halten und angeschrien – was ich wirklich niemals
machen würde.

Beim Thema Schlafengehen kommt es durchaus zu

beeindruckenden kommunikativen Highlights zwischen Eltern und Kind.

Vater: »Schau, die Sonne ist bereits untergegangen und der Mond wurd' angeknipst.«

Sohn: »Hä? Der Mond kann doch nicht angeknipst werden, der hat ja gar keine Glühbirne!«

Wo er recht hat, hat er recht. Ich könnte natürlich kontern, dass man heutzutage, wenn überhaupt, von einer Energiesparlampe reden müsse, aber geschenkt. Zumal der kleine Besserwisser nachsetzt:

»Und Papa, außerdem wird der Mond doch nur von der Sonne angestrahlt, der leuchtet doch gar nicht selbst.«

Ich muss unbedingt aufhören, mit fast fünfjährigen Bengeln informative Bilderbücher übers Weltall zu lesen, ganz einfach, weil ich mir selbst dieses Zeug nicht merken kann. Anknipsen fände ich persönlich deutlich netter.

Früher, quasi während meines Präparentalozoikums, einer weltgeschichtlichen Epoche von gut 27 Jahren, die ich ohne Kinder zubrachte – schlief ich in der Regel gegen 4.38 Uhr morgens ein. Mittlerweile bin ich an einem auftrittsfreien Abend gegen 20.17 Uhr schlagartig dermaßen hundemüde wie früher um 8.17 Uhr morgens. Überhaupt habe ich jahrelang kaum geschlafen oder schlecht und auch deshalb eher ungern. So hatte ich zwar einerseits massenhaft Zeit für meine damaligen Hauptinteressen Klavier spielen, Musik schreiben, rote Gauloises rauchen und immer wieder sämtliche Box-Welt-meisterschaftskämpfe der letzten fünfzig Jahre im Schwergewicht auf YouTube gucken. Andererseits litt ich nach einigen Jahren unter starken Schlaf-störungen und musste handelsübliches Pennen erst wieder von Grund auf lernen. Eigentlich ist das ja gar nicht so schwer: Augen zu, Kopf auch, und los geht's! Dafür weiß ich bis heute recht viel sowohl über harmonische Rückungen in der Spätromantik als auch über Mike Tyson.

Schlaf als eine Art Geschenk, als die beste Tätig-keit auf Erden und wohltuendste Wohltat wohligster Wonniglichkeit überhaupt habe ich erst recht spät kennen- und schätzen gelernt, und zwar durch meine Kinder beziehungsweise ihre unendliche Liebe, die ebenso unendlich an körperlichen und mentalen Kräften zehrt, dass man manchmal am Gitterbettchen singend noch vor ihnen einschläft. Peinlich, wenn das vierjährige Würmchen Papa wecken muss, weil sonst Speichelfäden den Fußboden zu verunreinigen drohen. Vielleicht ist am Ende die tiefe Begeisterung fürs und die unbändige Vorfreude aufs allabendliche Schlafengehen das Einzige, was meine Kinder wirk-lich eins zu eins von ihrem Papi übernommen haben. Nicht das Schlechteste, wie ich finde.

Eltern, die über horrenden Schlafentzug aufgrund von quietschfidelen oder nachts zwischen verschiede-nen Betten herumwandernden Kindern klagen, sollte man nur mit äußerster Vorsicht darauf hinweisen, dass sie für diese beklagenswerte Situation wahrscheinlich zu einem hohen Prozentsatz selbst verantwortlich sind. Sehr viel leichter wäre es, mit Daniela Katzenberger über phänomenologische Ontologie oder mit Thomas de Maizière über Menschenrechte zu diskutieren. Wagt man sich allerdings ein wenig hervor, so erfährt man, dass es vielen Mamas und Papas in Wahrheit gar nicht so unendlich unrecht ist, dass Bela, Frida, Emma und Lutz jede zweite Nacht kollektiv ins Elternschlafzimmer umziehen, dort ihren Erzeugern ins Gesicht atmen und neunzig Prozent der verfügbaren Liegefläche okkupieren. Muss eben jeder selbst wissen, wann der Leidensdruck zu schlafpädagogischen Entscheidungen führt.

Ich bin auch kein Großmeister der Konsequenz, aber wenn ich jemals im Vertreten einer These glaubwürdig, authentisch und völlig überzeugend war, dann im Hinblick auf die Tatsache, dass ich meine 39 Grad Celsius verströmenden Kuschelkinder fantastisch finde. Und zwar tagsüber. Nachts dürfen gern einige Meter Abstand zwischen uns liegen. Die gute alte Rufweite reicht vollkommen aus.

Darüber hinaus finde ich es irgendwie beruhigend, dass meine noch recht kleinen Kinder – hat man sie erst einmal sanft gebettet und sich singend Richtung Wohnzimmer verabschiedet – anscheinend so viel sicheres Geborgenheitsgefühl und zuversichtliche Selbstsicherheit ihr Eigen nennen, dass sie sich in aller Regel für die nächsten zwölf Stunden einfach ins Träumeland verkrümeln. Bedeutet allerdings auch, als Eltern einzusehen, dass man bei aller Wichtigkeit eben nicht für alles gebraucht wird und wohl auch nicht für immer.

Ja, manchen Kindern fällt es schwer, den aufregenden Tag loszulassen und auf Nachtmodus umzuschalten. Aber manchen Eltern nicht weniger. Ich jedenfalls lasse die Buben deutlich lieber nachts los und in Anführungsstrichen alleine losziehen als tagsüber auf Kölner Bürgersteigen.

»Der derzeitig sich verbreitende pädagogische Hysterismus einer parentalen Überfürsorglichkeit ist definitiv als ein nicht nur tagtägliches, sondern 24-stündiges Phänomen zu verstehen und wird daher langfristig auch zu weitreichenden somatischen Folgeerkrankungen hinsichtlich der Funktionsfähigkeit von Organen wie auch Psychen auf Seiten der Elternschaft führen.« Dr. med. Hirschert von Eckhausen: *Von Helikoptereltern und Panzerpädagogen. Wie wir unseren Kindern die Kindheit rauben.* Frankfurt a. M., 1967, S. 4

Aus eigener Erfahrung mit Schlafstörungen weiß ich, wie sich dauerhafter Schlafentzug auf Körper und Psyche auswirken kann. Sicherlich bin ich deshalb so militant, was konsequentes nächtliches Schlumpeln angeht. Oder sagt man Bubu-Machen? Bei uns beginnt die Nacht deshalb schon ziemlich früh, kurz nach dem Abendessen. Nicht, dass wir noch halb am Tisch sitzend bereits die dicken Schlafdecken auspacken, aber unser abendliches Konzept heißt: faszinierende

Langeweile. Wir schrauben die Lautstärke runter, hier und da wird schon mal eine Lampe ausgeknipst, Bücher werden final zugeklappt und mit putzigen Verabschiedungsfloskeln ins Regal geräumt und vorvorletzte Liedchen beim Zähneputzen gesummt. Kinder sind ja nicht doof. Die würden sofort merken, wenn sie deshalb ins Bett müssten, weil der parentale Rest der Mitbewohner gleich die Riesenparty samt Mordsgaudi starten wollte. Ich denke, sie kaufen uns seit jeher glücklicherweise ab, dass jetzt echt nix Spannendes mehr passieren wird. Das stimmt zwar nicht, aber Spaß hat ja nicht immer primär mit Lautstärke und Festbeleuchtung zu tun. Okay, vor lauter Schlafliedergesumme und aufgrund der funzeligen Beleuchtung bin ich selbst schon mal vor der noch nicht ausgeräumten Spülmaschine kniend weggedämmert, aber das sehen die Kids ja nicht. Denn: Die schlafen.

Vielleicht hilft auch mein bis zur Unkenntlichkeit verzerrter, panisch verzweifelter Gesichtsausdruck, wenn ich ausnahmsweise mal von einem alpträumenden Kind aus dem absoluten Tiefschlaf geholt werde. Die Kleinen denken sich dann wahrscheinlich: »Papa? Grundsätzlich okay, der Typ, aber nachts muss man dem Freak echt nicht begegnen!«

Ich sage meinen Schutzbefohlenen abends zum Abschluss, wie lieb ich sie habe und dass ich mich schon auf morgen früh freue. Manchmal füge ich hinzu: »Und träum was Schönes.«

»Du auch«, erwidern sie ab und zu, jedenfalls diejenigen, die bereits erwidern können.

Ja, auch ich würde gern etwas Schönes träumen, das stimmt. Zwar neige ich normalerweise nicht zu ständigen Angstzuständen und dramatischen Befürchtungen. Seitdem meine Kinder in meinem Leben herumspazieren, träume ich aber wirklich gar nicht so selten echt Unschönes. Mein Gehirn scheint sich vor lauter Liebe zu den drei kleinen Orgelpfeifen nachts ganz gern mal gar schaurige Dinge auszumalen, die ich dann unruhig, mich hin- und herwälzend, durchleben darf. Das Programm reicht von gebrochenen Kinderärmchen bis hin zu am Flughafen verlorenen Kindern und fatalen Autounfällen. Ich dachte eigentlich immer, ich ginge recht sorglos und unbeschwert durchs Leben, aber meine Kleinen haben mir den bohrenden Stachel der angsterfüllten elterlichen Sorge eingepflanzt. Danke auch.

Überhaupt nehme ich, seit bei mir daheim kleine Menschen langsam groß werden, das gesamte Elend und Leid dieses Planeten wie durch ein Vergrößerungsglas wahr. Nicht, dass ich selbst etwas Entscheidendes an der allgemein hoffnungslosen Weltlage ändern könnte, aber ich leide zumindest intensiver an ihr und kriege sie nicht mehr annähernd so locker wie früher abgeschüttelt. Die Kostbarkeit wie auch gleichermaßen die Zerbrechlichkeit des Lebens touched einen wohl heftiger, wenn man bereits beim Frühstück zwar kackfreche, aber eben auch komplett schutzbedürftige Kinderchen am Tisch sitzen hat.

Aufgrund meiner kabarettistischen Berufsumstände halte ich mir die Gewalttätigkeiten und grausamen Ungerechtigkeiten der aktuellen Menschheit gewissermaßen zu Recherchezwecken besonders ausführlich vor Augen. Mittlerweile gucken diese Augen dabei meist auf einen Bildschirm, der mit einer Tastatur verschraubt ist. So weit, so schlecht. Anscheinend war ich mal abgebrühter, deutlich unempfindlicher gegenüber haarsträubenden Menschenrechtsverletzungen in Wort und in Bild. Vielleicht war es die Geburt dreier winziger Menschen und die sich daran anschließende fürsorgende Behütung derselben, die meinen vormals gesunden Panzer gegen die Welt da draußen rissig werden ließen.

Weitgehend machtlos und ohnmächtig bin ich aufgrund des globalen Wahnsinns aus Folter, Terror, Krieg und Helene Fischer nach wie vor immer noch, aber selbst die schlichte Angabe, wie viele Kinder unter den Opfern bei der Katastrophe xy oder dem Anschlag in Sonstwo zu finden seien, löst bei mir völlig andere Emotionen aus als früher. Das Wissen, wie sehr und wie sorgfältig man auf den Nachwuchs aufpassen muss, macht einem doch von Tag zu Tag mehr und mehr bewusst, dass man auf alle bereits erwachsen Gewordenen genauso sehr aufpassen müsste.

Alle Eltern entwickeln einen nahezu untrüglichen

Blick dafür, wann, wie und weshalb ihre Schützlinge gerade welche Hilfe benötigen, weil sie seit der Geburt geheimnisvolle parentale Antennen ausgebildet haben. Vielleicht sollte man diese wundervollen antennenartigen Vorrichtungen häufiger einmal an Nachbarn, Freunden, Kollegen und Helene Fischer ausprobieren – die braucht doch auch irgendwie Hilfe.

Die Bilder, die ich so euphemistisch als Materialien meiner kabarettistischen Recherche ausweise, werde ich mittlerweile kaum noch los. Früher konnte ich auch nach schlimmsten und furchtbarsten Szenen beruhigt und friedlich sowie von den allerschönsten Dingen träumend schlafen. Heutzutage verfolgen mich schon Videos von handelsüblichen Exekutionen aus dem »Islamischen Staat« oder Reportagen über russische Gefängnisse wochenlang im Schlaf, der dann ja eigentlich keiner mehr ist. Ich sollte meine feinen elterlichen Antennen für Schutzbedürftigkeit gegebenenfalls auch mal bei mir selbst anwenden und mich von Dingen fernhalten, die ich nicht verkrafte. Mache ich bei meinen Kindern ja auch so. Mit Schrecken blicke ich bereits auf den Tag, an dem die kleinen Neugierlinge das Passwort zu unserem WLAN knacken. Ich jedenfalls habe mir fest vorgenommen, demnächst auch wieder etwas Schönes zu träumen. Gute Nacht allerseits.

8.

»Dann schrei ich dich aber bestimmt gleich mal dolle an, Papa!«
Kinder und Konflikte

In meinem Geburtsjahr 1984 sang Herbert Gröne-
meyer neben sehr vielen wundervollen und geistrei-
chen Liedern auch die generalbekloppte Textzeile
»Kinder an die Macht«. Ich weiß nicht, wie der
Nachwuchs sich Mitte der Achtziger in Bochum
so präsentierte, aber angesichts meiner bisherigen
Erfahrungen im Großraum Köln muss ich doch feststellen, dass Kinder bisweilen einfach nur egozen-
trische, machtversessene, gewaltbereite und oppor-
tunistische Individuen sind, sprich: Sie ähneln in
vielerlei Hinsicht Realpolitikern, und insofern sollten wohl weder die einen noch die anderen tatsächlich an die Macht.

Sicherlich kann man sich einreden, wo viel Reibung sei, dort sei auch viel Wärme. Reibung aber
eben auch. Nach etwa eineinhalb Jahren reibungs-
loser postnataler Wärme ohne nennenswerte Differenzen gleicht das Leben mit Kindern urplötzlich

einem leicht entflammbaren Dauerabreibungsprozess, bei dem die Kleinen anscheinend deutlich hitzebeständiger sind als ihre Vormünder. Schließt man jegliche Formen von physischer Gewalt sinnvollerweise prinzipiell aus, so bleibt einem als parentaler Konfliktpartei nur noch eins: Sprache, sprich Argumentation. Das Problem hierbei: Logik ist Kindern eher semiwichtig.

Geschätzte einunddreißig Mal am Tag mutiere ich zum absoluten Erklär-Bär. Als solcher redet man unter Zuhilfenahme kompliziert verschachtelter Nebensatzkonstruktionen auf zwei- bis fünfjährige Individuen ein, die bereits nach der Verbalisierung des ersten Gedankenganges diesen latent abwesenden, total abschweifenden, leicht seitlichen Blick bekommen. Der Rest versendet sich. Kausalität, Logik, Austausch von Gesichtspunkten und suggestives Argumentieren halten die Lebenswirklichkeit erwachsener Leute einigermaßen zusammen. Kinder dagegen bringen diesen kommunikativen Konsens komplett zum Einsturz.

Allein das Thema »abrupte unlogische Themenwechsel« ist ein weites Feld kindlicher Kommunikationsabsurdität:

Vater: »Du kannst nicht mit einem Holzklotz auf die Fensterscheibe eintrommeln!«

Kind: »Oh, ein Regenbogen da draußen!«

Ursprünglich wollte man sich niemals mit seinen Sprösslingen streiten. Doch dann streitet man sich plötzlich ständig, bis man mit etwas Glück irgendwann merkt, dass man sich mit dieser Sorte Humanmaterial eigentlich gar nicht streiten kann. Lediglich zum Affen kann man sich machen, das freilich mit Erfolg.

Häufig steht man als Elternteilchen völlig neben sich. Und genau das müsste man eigentlich mal nutzen. Denn neben sich zu stehen bedeutet ja gleichzeitig, die Möglichkeit zur Selbstbetrachtung, zur Selbstbeobachtung zu haben. »Achten Sie auf Ihre Kinder«, heißt es stets. Ja, okay, aber auf sich selbst müsste man erst recht mal achtgeben. Von außen betrachtet, muten Eltern-Kind-Konflikte nämlich herzlich dämlich, um nicht zu sagen absurd an. Und das nicht unbedingt wegen der Kinder.

Wut und Trotz sind ein beliebtes Dauerthema, wenn es um kleine Kinder geht. Mit anderen benachwuchsten Paaren (lies: LeidensgenossInnen) könnte man sich an irgendwelchen Sandkästen glatt stundenlang über die putzigen Wüteriche und tobenden Giftzwerge austauschen. Ja, ja, ich weiß: Kinder entdecken und schärfen ihr Ich-Bewusstsein,

»Eltern reagieren in Streitsituationen emotional, Kinder dagegen in der Regel nicht nachvollziehbar oder gar nicht, was mitunter nicht als die idealsten Voraussetzungen für erfolgreiche Konfliktvermeidung – beziehungsweise -beilegung bezeichnet werden kann.«
Schreilinde Wutmann: *Niemals fleht man so ganz. 11 neue Strategien für kapitulierende Eltern aus hobbypsychologischer Perspektive.* Köln 1998, S. 14 f.

sie suchen ihre Grenzen, und mit etwas Glück erfahren sie sie auch, prägen ihre Individualität aus – blablabla. Wir alle wissen das. Nerven tut es trotzdem.

Hinaus will ich auf etwas ganz anderes: Trotzige Wut und wütender Trotz bei Kindern sind hinlänglich bekannte, notwendige und nicht vollständig lösbare Herausforderungen für Eltern, so wie für die kleinen Krawallmacher selbst auch. Wahrscheinlich ist das sogar eine Strafe Gottes. Sicher ist auf jeden Fall: So manche selbsterklärten Expertinnen und Experten haben sich an dem Thema mittels des einen oder anderen Ratgeberchen finanziell gesundgestoßen. 285 Seiten hobbypsychologisches Geschwafel als Hardcover für 24,90 € – Glückwunsch! Selten wurde das Leid von Menschen so schamlos ausgenutzt wie von dieser Pädagogen-Mafia mit ihren gedruckten Hilfestellungen. Wo ist eigentlich Amnesty International, wenn man die mal wirklich braucht?

Das jedoch nicht weniger wichtige Thema ist das der kochenden Wut seitens der Vollzeitmamas und -papas – ein weitgehend tabuisiertes, zumeist geflissentlich verschwiegenes Problemfeld. Klar, wer plaudert schon gerne lässig an die Spielplatzrutsche gelehnt aus, wie ihm erst gestern wieder beim allabendlichen Essen, Umziehen, Zähneputzen und Zubettbringen der Kragen und um ein Haar dabei auch noch der Kopf geplatzt ist? Manchmal reißt einem natürlich auch nur der Geduldsfaden, bevor man ohne Umweg über irgendeine Hutschnur in die Luft geht.

Fataler als der eigentliche Streit samt exzessiver Lautstärkesteigerung auf beiden Seiten ist stets das Gefühl dumpfer Leere, beschämender Sinnlosigkeit inklusive Verdammt-könnt-ich-die-Zeit-noch-mal-um-sieben-Minuten-zurückdrehen-Sehnsucht hinterher. Hinterher, wenn alles wieder gut ist, trifft einen als Papa oder Mama die kontraproduktive Dämlichkeit des eigenen Verhaltens wie ein schmerzhafter Schlag. Auch das Argument angeblich notwendigen Dampfablassens zieht hier nicht wirklich, geht es einem danach doch um Längen schlechter im Vergleich zu vorher, als man einfach nur am Ende von Latein, Nerven und Kraft angelangt war. Absurder eigentlich nur noch ist, dass man den Kleinen ständig einbläut, sie sollten bitte, bitte nicht immer so rumschreien. Reicht ja, wenn die Eltern das bereits machen.

Für sprachbegeisterte Mütter und Väter ist es ein langwieriger Prozess, irgendwann einzusehen, dass kleine Kinder zwischen zwei und vier Jahren selbst zwar richtig dufte sprechen, jedoch kaum zugänglich sind für versierte Überzeugungsversuche und argumentatives Kuddelmuddel. Genauso gut könnte man ihnen koreanische Schriftstücke postalisch einreichen. Natürlich lässt einen eine solche, zudem putzig grinsend vorgetragene Ignoranz aus der Haut fahren und anschließend irgendwann auf den beliebten Zug in Richtung Schimpfen mit Fahrtziel Schnauben aufsteigen, heute über Toben und Wüten ohne Halt in Runterkommen. Und ja, irgendwann funktioniert das mit der Lautstärke durchaus, und das Ganze kommt zu einem eskalativen Ende. Dann jedoch ist der klitzekleine Funken kommunikativen Fortschritts in Konfliktsituationen, den die kleinen Fuzzis hätten erwerben können, bereits erloschen beziehungsweise ausgebrüllt.

Hat man mit anderen Menschen, die bei sich zu Hause Kinder wohnen haben, erst einmal die Phase »Hallo, ich bin Martin, unser Sohn geht auch in die Sonnengruppe« erfolgreich in Richtung echtes Anfreunden verlassen, so bekommt man scheibchenweise einen etwas weniger gefilterten Eindruck vom Familienleben anderer generationenübergreifender WGs. Oh, welch süße Entlastung birgt das Leid anderer Eltern! Hielt man sich aufgrund der eigenen Wutausbrüche eben noch für komplett bekloppt, so erkennt man plötzlich glasklar: Juchu, alle sind bekloppt! Und zwar komplett – wie schön. Schon geht man, von unendlicher pädagogischer Last befreit, fröhlich pfeifend zum Kindergartenparkplatz.

Jedenfalls erfährt man in vertraulichen interparentalen Gesprächen, dass ziemlich ausnahmslos alle Muttis und Papis entweder selten, fast nie, manchmal, häufig oder andauernd austicken, weil die Schutzbefohlenen völlig anders ticken, als man selbst tickt, was sich schnell zum Tick entwickeln kann.

Die Zeit ist immer knapp, die To-do-Listen endlos und die gegenseitige emotionale Abhängigkeit unfassbar groß. Ändern sollte man an diesem Dreiklang potentieller Stressfaktoren selbstredend lediglich etwas an den ersten beiden Aspekten: Zeitknappheit und Aufgabenfülle. Das kann ich persönlich super – im Sinne von superschlecht. Dennoch weiß ich, dass Zeitdruck Kinder auf ein Slow-Motion-artiges Schneckentempo verlangsamt und mehr als zwei wie auch immer geartete Vorhaben pro Tag die kleinen zukünftigen Managerinnen und Manager latent überfordern. Hätte man diese beiden Gute-Laune-Killer dagegen kompetent und diszipliniert im Griff, hätte man alle Zeit der Welt, sich trotz der irreparablen emotionalen Abhängigkeit von den Pupsis und deren virtuoser Frechheiten nicht zu einer Reise ins Land der wütenden Väter und tobenden Mütter überreden zu lassen. Oder zumindest nur selten.

Man versuche übrigens als Eltern gar nicht erst, Streitigkeiten mit Kindern durch kleine Geschenke, taktisch eingesetzte Präsentchen, also durchsichtige Bestechungsversuche, beizulegen. Obacht: Ganz im Gegensatz zu Erwachsenen sind Kinder nämlich nicht wirklich käuflich und zeigen sich für solche plumpen Einschmeicheleien nur sehr kurz und wenig nachhaltig empfänglich. Schon wenige Minuten nach Überreichung selbst der dollsten Überraschungen wird man als Elternteil gegebenenfalls wieder behandelt wie Karl Arsch. Leider wächst sich diese sinnvolle Eigenschaft mit den Jahren aus – also das mit der Nichtkäuflichkeit; wie Karl Arsch wird man noch eine ganze Weile länger behandelt.

Vielleicht sind die Konfliktfelder mit den eigenen Kindern ein ganz gutes Trainingsgelände für das, was meines Erachtens die entscheidende Einsicht für ein grundsätzlich friedliches, demokratisches, auf Problemlösungen und Konsensbildungen abzielendes Zusammenleben innerhalb einer Gesellschaft darstellt: Nämlich zu akzeptieren, wenn nicht gar irgendwie lieben zu lernen, dass das eigene Dasein unabänderlich, fortwährend und häufig unvorhersehbar durch das Dasein ganz andersartiger Menschen mitbeeinflusst wird. Schauen Sie sich mal frühmorgens oder spätabends in der Straßenbahn um, wer da noch so alles auf Ihrem Planeten lebt, und stellen Sie sich vor, Sie müssten mit einem oder einer von denen zusammenwohnen. Da haben Sie sofort wieder ordentlich Lust auf Ihren wütend schnaubenden dreijährigen Wutpilz. Und zum Glück ist dieser sogenannte Trotz ja bekanntlich nur eine Phase – so wie mir verschiedenste Leute berichtet haben, von etwa zwei bis dreizehn Jahren Dauer. Spätestens danach könnte man als Vater wahrscheinlich VHS-Seminare für demokratisches Basiswissen anbieten oder in Gegenden mit bürgerkriegsähnlichen Zuständen als Vermittler auftreten. Als Vermittlerin natürlich auch – aber wie will man als Mutter für so einen Quatsch die Zeit finden?

9.

»Ja, wie sieht's hier denn aus?« – »Siehst du doch!«

Terror, Zirkus und Theater

Von Eltern Gesprochenes ist seltsam. Sehr, sehr seltsam. Ich selbst bin sprachlich gesehen nicht komplett unreflektiert, ja sogar geradezu hochsensibel, wenn es um verbale Nuancierungen im Alltag geht. Gerade diese Zwischentöne machen nicht nur die vielfach zitierte Musik, sondern entscheiden oft genug über Gelingen oder Scheitern zwischenmenschlicher Kommunikation. Wahrscheinlich hängen selbst Krieg und Frieden am Ende davon ab, ob sich irgendwann und irgendwo irgendjemand aus Versehen im berühmten Ton vergriffen hat.

Ich vergreife mich – das gebe ich an dieser Stelle gerne zu – gegenüber meinen Kindern sicherlich ab und zu (im Sinne von täglich) im Ton. Aber damit nicht genug – darüber hinaus benutze ich ständig Wörter, die von außen betrachtet (beziehungsweise gehört) so überhaupt gar nicht zur eigentlichen Situation passen wollen. Hier scheint sich eine alte von mir verfolgte Theorie erneut zu bestätigen, dass sich nämlich zeitgleich mit dem Öffnen des Mundes die Ohren schließen. Und zwar die eigenen. Häufig allerdings ebenso die der anderen.

»Was soll denn dieses Theater?«, »Hör sofort mit diesem Zirkus auf!« und »Warum ist hier denn immer gleich so 'n Terror?« seien an dieser Stelle als die drei aus meiner Sicht bekloppsten parentalen Floskeln aufgeführt. Nicht nur, dass ich – der selbst von Bühne zu Bühne reist – die Kulturkonstante Theater auf infamste Weise diskreditiere, nein, auch die wunderbare Tradition der fahrenden Gaukler und Artisten beschmutze ich zutiefst, was ich normalerweise nur dann mache, wenn sie wehrlose Tiere für sinnlose Kunststückchen missbrauchen. Und zu guter Letzt muss man auf diesem von islamistischen, neonazistischen oder sonst wie kampferzieherischen Hanseln bedrohten Planeten wohl zu einem Terrorismusvorwurf gegenüber kleinen Kindern gar nicht mehr viel sagen.

Natürlich zünden kleine Kinder daheim dennoch die eine oder andere stimmungstechnische Bombe und legen nicht zuletzt auf der Toilette ein reichlich explosives Verhalten an den Tag. Das ständige Hinterherputzen ist bei Kindern allerdings wirklich ein unfassbares Theater – man veranstaltet da einen hygienischen Riesenzirkus, und ich frage mich häufig, was dieser ganze Terror eigentlich soll.

Nimmt man die merkwürdige Wortwahl passionierter Vormünder zum Anlass, einmal grundsätzlich über unseren lexikalischen Haushalt nachzudenken, könnte man glatt Folgendes vermuten: Vielleicht hängt die Streitlust der Menschheit ja mit unserer Sprache zusammen, die fast unbemerkt voller militärischer Redewendungen steckt, vom Eifer des Gefechts bis zur bombensicheren Geldanlage – jawoll! Vielleicht finden wir dieses ganze paramilitärisch Sprechen ja auch spannend? Sicher, Krieg ist nicht nur grausam, schrecklich und barbarisch, sondern eben auch irgendwie – geil. Als Beweis braucht man lediglich nachts Fernsehen zu gucken. Da ist alles voller Weltkriege, dabei gab es bislang bloß zwei. Das ganze nächtliche Fernsehen ist bestückt mit Hitler, Stalin, Goebbels, Guido Knopp und Konsorten. Und alle finden es irgendwie scharf. Ich auch, ich gucke das Nachts im Hotel, um nach dem Auftritt runterzukommen. Ganz ehrlich: Kommentiert von Christian Brückner, der Synchronstimme von Robert de Niro, und untermalt mit mittelmäßiger Filmmusik, ertrage ich selbst ethnische Säuberungen auf N24 ganz gut. Explosionen, Kamerafahrten durch den Schützengraben, Live-Interviews mit Dieter Kronzucker aus dem Führerbunker – toll!

Ich denke, Technik und unsere Technikbegeisterung spielen da eine große Rolle. Wenn Phoenix mal wieder eine Dokumentation über deutsche Panzer ausstrahlt – also ich meine den Kampfpanzer Leopard 2 oder den Jagdpanzer Jaguar, die Schützenpanzer

Puma und Marder, den Flugabwehrkanonenpanzer Gepard, den Wiesel 1 und 2, den Pionierpanzer Dachs, den Brückenlegepanzer Biber und den Bergpanzer Büffel. Das klingt zwar wie eine Tiersendung aus dem Leipziger Zoo, ist aber spannender als jeder Krimi. Und fraglos ein zentraler Punkt des öffentlich-rechtlichen Bildungsauftrags. Ich denke, das Volk hat ein Recht darauf, zu erfahren, mit exakt welchem Gerät wir angeblich keinen Krieg führen. Stellen Sie sich nur vor, wir hätten tatsächlich weltweit dauerhaft Frieden, was soll dann zukünftig nachts auf Phoenix laufen?

Im Gegensatz zum dauereskalierenden Weltgeschehen kriegt man daheim im Kinderzimmer kurz vorm Einpennen dennoch allabendlich irgendwie noch die friedliche Kurve. Denn sonst schlafen sie schlecht, die Eltern. Kinder scheinen auch ohne Versöhnungsarie ganz gut zu schlumpeln, vielleicht liegt es an einer spezifischen Form des kindlichen Kurzzeitgedächtnisses, während ich mich noch schnell vertragen, einen Konflikt final aus der Welt schaffen will, haben die kleinen Racker häufig längst vergessen, worauf Papa sich in Gottes Namen da eigentlich bezieht.

Leider lässt sich das tägliche Abbiegen Richtung Frieden oder zumindest Waffenstillstand nur äußerst schlecht in die Krisenregionen und Bürgerkriegszentren der restlichen Welt exportieren. Jeden Abend ein »So, jetzt vertragen wir uns mal wieder, schlaf schön, mein Schatz, ich hab dich lieb« ist außerhalb der eigenen vier Wände augenscheinlich deutlich schwieriger zu erlangen. Vielleicht muss man sich dennoch immer wieder vor Augen halten – ohne zu naiv-pathetisch daherkommen zu wollen –, dass ausnahmslos alle Menschen einst Kinder waren und dies immer auch ein Stück weit bleiben werden. Sprich: Sie sind und bleiben alle speziell, irrational und schwierig; sie sind sonderbar, unmöglich und verrückt. Und dennoch muss man sie liebhaben. Auch und vielleicht insbesondere dann, wenn man auf den ersten Blick gerade null Komma nix dafür zurückbekommt.

10.

Sauwetter

**Warum für Kinder Sonne und Regen
gleich schön sind**

Abgesehen von der Tatsache, dass meteorologische Prognosen in der Regel wenig bis überhaupt nichts mit der tatsächlichen Wetterlage am nächsten Tag, geschweige denn in den folgenden 14 Tagen zu tun haben und einem der ganze Temperatur- und Niederschlagsquatsch auch noch von angeblich diplomierten Phrasendreschern mit absolut deplatzierter Erregung präsentiert wird, möchte ich an dieser Stelle als gewiss nicht erster Mensch auf Erden feststellen: Ein kurzer Blick aus dem Fenster am Morgen reicht, und zwar vollkommen aus. Blöd halt, wenn man keine Fenster hat, das gebe ich zu. Andererseits ereignen sich innerhalb einer Jahreszeit in Zentraleuropa auch nicht *so* viele furchtbar krasse Überraschungen. Es gibt warmen Regen, kalten Regen und – wenn es trocken ist – keinen Regen.

Die ganze Hysterie ums Wetter zählt sicherlich zu den beklopptesten Wohlstandsproblemen neben

Burn-out durch Karriere und Übergewicht durch Fleischkonsum. Was soll uns eigentlich groß passieren bei sogenanntem »schlechten« Wetter? Klar, die wasserabweisenden Outdoor-Funktionsjacken könnten feucht werden, wenn nicht sogar nass! Schlimme Sache …

Zu sturzerleichternden Faktoren wie Eis und Schnee kommt es dagegen ohnehin seit Jahren nicht mehr, da irgendein überkorrekter Nachbar aufgrund des Wetterberichts bereits vier Tage vor der ersten lebensbedrohlichen Flocke alles gestreut und gesalzt hat. Wie weit kann man sich eigentlich von den Naturphänomenen da draußen zivilisatorisch entfernen? Ich persönlich bin hinsichtlich der Wetterüberempfindlichkeit der in Deutschland lebenden Erwachsenen davon überzeugt, dass wir keineswegs von sich im Freien aufhaltenden Primaten abstammen, sondern von Hausstaubmilben mit Funktionswäsche.

Kinder dagegen kennen überhaupt kein Wetter beziehungsweise ausschließlich tolles. »Kommt, wir ziehen uns dick an und gehen draußen im eiskalten Novemberregen spazieren« ist für Kinderohren nicht einen Hauch weniger verlockend als »Hey, die Sonne scheint, lasst uns im Garten das Planschbecken aufbauen!«. Ja, würde man sie lassen, sie stellten das Planschbecken selbstverständlich auch in den eiskalten Novemberregen. Im Übrigen würde es dann deutlich schneller voll. Und nachhaltiger wäre die ganze Sache obendrein.

Analysiert man das wetterindizierte Verhalten großstädtischer Eltern einmal grob anhand der Spielplatzbesucherzahlen, so ergibt sich tendenziell folgendes Bild: Nieselregen, Wind oder Minusgrade bedeuten gähnende Leere sowohl im Sand als auch auf der Rutsche. 32 Grad im Schatten bei wolkenlosem Himmel inklusive Ozonwarnung führen dagegen zu sogenannter Kindersuppe im Sandkasten ohne jegliche Kopfbedeckungen auf den spärlich behaarten Kleinkindrüben. Vielleicht sollte man pseudoaufgeklärte Eltern statt in postnatale Erste-Hilfe-Kurse lieber in Seminare stecken, in denen ihnen sowohl die Ungefährlichkeit von Feuchtigkeit als auch die Gefahr direkter Sonneneinstrahlung auf Kinderhaut nähergebracht werden. Sollte es am Tag dieser Fortbildung just Schneeregen geben, muss sie selbstredend ausfallen. Es sei denn, man hat gerade einen vierschichtig imprägnierten Ganzkörperschutzanzug zur Hand, wie er sonst in der Hochsicherheitszone von Kernkraftwerken zum Einsatz kommt.

Viele junge Familien sehen auf dem Weg zum Spielplatz ja ohnehin aus, als machten sie sich auf zur Besteigung des Todesberges Nanga Parbat: fünf Frischhalteboxen mit vitaminreichen Snacks, literweise Wasservorräte gegen die Gefahr der Dehydrierung, ein Erste-Hilfe-Kasten für die medizinische Erstversorgung im Falle von Schürfwunden. In den Wintermonaten rechne ich bereits fest mit Steigeisen und Eispickel in den Wickeltaschen. Ab vier Kindern hat man dann sicher Anrecht auf ein bis zwei Sherpas, die einem schleppen helfen. Zusätzlich sollten die Volkshochschulen bundesweit »Pfützenspring-Incentives« für Erwachsene anbieten – die wären im Zweifel von ähnlicher belebender Wirkung wie rituelle Erweckungszeremonien und stundenlanges Bäume-Umarmen, nur eben mit Spaß. Und anschließendem Waschen, zugegebenermaßen.

Es gibt ein Foto von meinen beiden ältesten Jungs, auf dem sie so glücklich und strahlend aussehen wie sonst auf keinem anderen Bild. Sie stecken auf diesem Dokument bis zu den Knien in einer Mega-Matsch-Pfütze auf dem verregneten Feldweg. Gut, danach waren sie erst mal vierzehn Tage lang krank, aber gelohnt hat es sich trotzdem.

Von Kindern lernen bedeutet im Themengebiet Wetter, die eigenen vier bis fünf Wände zu verlassen und die vertraute Atmosphäre aus Heizungsmief und WLAN-Strahlung gegen das einzutauschen, was man früher einmal »frische Luft« nannte und in der man spazieren ging, bevor es zu »Wetter« wurde, in dem man »outdoor-activities« nachgeht, was latent lebensgefährlich klingt. Je nachdem, wo man im Autoliebhaber-Land Germany wohnt, ist jene vormals »frische Luft« allerdings tatsächlich annähernd letal zu nennen, wie beispielsweise im mittlerweile »Landesstaustadt« genannten Stuttgart. Vielleicht können Jack Wolfskin und Gore-Tex ihre gepanzerten Parker ja demnächst inklusive Mundschutz und Sauerstoffgerät ausliefern – als Modell »Shanghai«.

Mein Vorschlag: Ab sofort werden sämtliche Wetterprognosen und aufregend illuminierten Wolkenbänderanimationsfilme aus den Nachrichtensendungen verbannt. Die gewonnenen ein, zwei Minuten bleibt der Bildschirm komplett schwarz – eine Art Entspannungstherapie zur Besinnung auf tatsächlich relevante Dinge. Und dann machen wir alle daheim etwas total Verrücktes, etwas, das wir schon eine halbe Ewigkeit nicht mehr gemacht haben, etwas, auf was man echt nicht einfach mal eben so kommt: miteinander reden. Aber natürlich werden sich dann gleich am nächsten Tag die ersten Leute beschweren, sie hätten aufgrund dieses ausufernden Gequatsches den Wetterbericht verpasst und wären viel zu luftig gekleidet in einen Hagelschauer geraten.

11.

»Wohnen die Engel oben in den Wolken drin?«
Kinder und Spiritualität

Ich höre kaum noch Musik. Okay, das stimmt nur bedingt. Selbstredend höre ich ständig Musik, vor allem meine eigene, wenn ich freihabe, das heißt, wenn ich arbeite – sprich: Wenn ich abends auftrete, höre ich meine eigene Musik auch tagsüber. Zur Vorbereitung. Außerdem lieben es meine beiden großen Jungs, auf dem Weg zum Kindergarten das Radio nach Geigen- und Trommelmusik zu durchforsten. Findet man gleich beides in einem einzigen Lied, ist das Auto eine einzige Endorphinparty. Und zwar morgens um 7.15 Uhr!

Auch zu Hause singen, summen, trällern und tirilieren wir ständig. In der Regel kreieren wir eine Art Simultan-Medley für fünf Stimmen textlich irgendwo zwischen klappernden Mühlen, summenden Bienchen und einem galoppierenden Pferdchen. Im Grunde genommen stehen die drei Puztiputzis also mit Musik auf, verbringen in jeglicher Hinsicht stimmbandlastig den Tag und gehen mit parentalem

Singsang zu Bett. Das ist auch ein Schicksal. Wahrscheinlich studieren sie irgendwann einmal Jura, BWL und Teilchenphysik, nur um gegen ihre pseudo-alternativ-kreativen Elternteilchen zu rebellieren.

Und dennoch stimmt der Satz: Ich höre kaum noch Musik.

Denn wirkliches Zuhören braucht Zeit, Ruhe und zwischen den Ohren einen weitgehend leeren Schädel. Dies alles ist fraglos Mangelware, egal ob mit Kindern oder ohne. Allein den komplett leeren Kopf meint man von Zeit zu Zeit zu spüren, dabei ist er ja in Wahrheit voll, rappelvoll. Mit was eigentlich genau, kann ich häufig nicht mit Bestimmtheit sagen. Das war in meiner Jugendzeit ebenso, trotzdem hatte ich tage-, wochen- und monatelang Zeit CDs rauf- und runterzuhören, stapelweise Konzerteintrittskarten zu horten und mit es niemals bis zum allerersten Auftritt schaffenden Bands nächtelang zu proben. Bis heute beispielsweise unerreicht, weil gänzlich unbekannt, meine erste Punkband mit dem schönen Namen *Lachend in die Kreissäge*. Nicht zu vergessen Luftgitarrensoli halbnackt vorm Spiegel. (Kind, merke dir: In der Pubertät brauchst du kein Verständnis, sondern einen intakten Zimmerschlüssel!)

Ich denke, Musik ist die angenehmste, ungefährlichste und humanste Form von Transzendenz. Oder anders, von meiner Biographie ausgehend, gesagt: Wenn man sich vom katholischen Glauben befreit hat und kiffen nicht funktioniert, bleibt einem definitiv noch Musik – um vor der Welt zu fliehen, abzutauchen, Hoffnung zu schöpfen und um sich mit unsichtbarem Zeug zu benebeln.

Wenn die eigenen Kinder plötzlich Verhaltensweisen an den Tag legen, die einen früher als Kind selbst auszeichneten, so ist das zumeist beides: erfreulich berührend und ein bisschen gruselig. Dass mein ältester Sohn mit seinen vier Jahren nicht nur den superhohen Ton am Ende von Shirley Basseys »Goldfinger« trifft, sondern auch ansonsten gern Phantasielieder lispelt, wie ein Wildgewordener fiedelt und auf allem herumtrommelt, was ihm vor die Finger kommt, finde ich großartig. Dass er aber sowohl in Köln als auch im Urlaub mit Begeisterung in sämtliche Kirchen rennt, dort plötzlich flüstert, ehrfürchtig nach oben blickt und mich fragt, wo denn heute dieser Jesus sei, finde ich dagegen durchaus befremdlich. In den 1960er Jahren hatten Eltern Angst vor Elvis und den Beatles. Ich habe halt heute Angst vor der Heiligen Maria Muttergottes. So ändern sich die Zeiten.

Nicht selten wird behaup-

»Innerhalb der nach oben strebenden Architektur der gotischen Kathedralen erscheint der Mensch als ein Winzling inmitten eines von Gott geformten Kosmos, wiewohl im selben Moment gleichsam über sich selbst hinauswachsend vergrößert.« Drewi Eugenmann: *Klerikale Herrschaftsinstrumente. Oder: Die Fortsetzung der Inquisition mit freundlichen Mitteln.* Avignon 1977, S. 55

tet, Religion sei deswegen immer noch erfolgreich, weil sie so einfache Antworten auf eigentlich komplizierte Fragen im Angebot habe. Das verstehe ich nicht ganz, denn, ehrlich gesagt, finde ich die meisten spirituellen Lösungsvorschläge für existentielle Sinnfragen überhaupt nicht einfach, sondern im Gegenteil ganz schön schwer – und zwar zu verkraften. Jedenfalls für grundsätzlich an Rationalität und Argumentationslogik interessierte Menschen.

»Wie ist die Welt entstanden?«

»Gott!«

»Und was kommt nach dem Tod?«

»Auch Gott!«

»Wie groß ist das Weltall?«

»Gohooott!!!«

Und ganz ehrlich, was sind das für Menschen, die von sich selbst behaupten: »Och, ich könnte mir vorstellen, die nächsten vier Jahrzehnte meinen naturgegebenen Sexualdrang komplett zu leugnen; ich denke, das macht mich kompetent, die sexuelle Orientierung anderer Leute zu verurteilen.« Himmelherrgott, gibt's da nicht was von Ratiopharm?

Manchmal erscheint mir in solchen Fällen eine medikamentöse Einstellung sehr viel naheliegender als ein Amt in seelsorgerischen Kontexten. Gerade erst hat der vielgelobte Papst allen Ernstes ein schönes Buch über zwischenmenschliche Liebe rausgehauen, in welchem der im Zweifel chronisch untervögelte Opa noch einmal dezidiert klarmacht, wer seiner Meinung nach für zwischenmenschliche Liebe in Frage kommt und vor allem, wer nicht. Warum tut er das? Ich äußere mich als Komiker doch auch nicht zu Fragen der Knieprothesentechnik.

Zugegeben, ähnlich wie bei Exrauchern steigt die Militanz der Ablehnung anscheinend auch bei ehemaligen Gläubigen. Klar macht das eigene Dagegensein erst richtig Sinn und Spaß, wenn man selbst einmal zum Club gehörte. Ich persönlich könnte mir ein Leben ohne Weihnachts-, Namenstags- und Ostergeschenkchen gut vorstellen. Ebenso verzichte ich liebend gern auf das Stellen von Fragen, auf die sich von vorneherein keine sinnvollen Antworten finden lassen. Auch Pfarrfeste mit Plastikbesteck, Papptellern, Coca-Cola und jeder Menge toter Tiere sind mir weitgehend wurst (so feiern Menschen, die erklärtermaßen die Schöpfung so sehr lieben). Stattdessen könnte man sich praktisch komplett agnostisch zwei-, dreimal im Jahr mit der ganzen Familie an einem frei gewählten Datum treffen, gemeinsam bei Suppenküche, Obdachlosenfrühstück und Flüchtlingshilfe helfen, den Bioladen leer kaufen und zusammen etwas ethisch gut Vertretbares kochen – fertig. Vielleicht noch mit einer Runde kollektivem Schmökern im letzten Houllebecq-Roman.

Nun habe ich aber Kinder. Und die stellen mit Vorliebe vor allem solche Fragen, auf die sich keine sinvollen Antworten finden lassen. »Papa, wer hat die Menschen gemacht?«, »Wer war denn der allerallererste Mensch?«, »Aus was sind Engel gebaut?«, »Sind die Babys vor der Geburt noch im Himmel?« Und natürlich der Klassiker im spätromanischen Seitenschiff: »Wo ist denn heute dieser Jesus?«

Woher zum Teufel haben die das, frage ich mich. Wird auf dem Spielplatz hinter vorgehaltener Hand heimlich mit spirituellem Mumpitz gedealt? Ist der transkonfessionelle Kindergarten lediglich eine gut getarnte Einrichtung von Opus Dei? Ich stelle mir vor, dass das Leben für zwei-, drei-, vier- und sogar fünfjährige Kinder jeden einzelnen Tag eine unvorstellbare Masse an neuen Dingen, Gedanken und Alltagsabenteuern bietet. Ab dem sechsten Lebensjahr hat man so ziemlich alles gesehen und kann daher bis zum Eintritt ins Rentenalter in Ruhe abstumpfen. Wenn jedoch das Dasein für kleine Kinder primär aus Premieren besteht, warum fangen sie dann so früh und so intensiv an, sich ausgerechnet mit unsichtbaren Dingen zu beschäftigen, kleine Theorien über eigentlich Unfassbares aufzustellen und häufig genau nach dem zu fragen, was man gerade nicht sieht? Ist euch jetzt schon langweilig, ihr kleinen Zwerge?

Vor allem aber bringe ich es nicht übers hobbyatheistische Herz, auf solche Fragen nach Leben, Tod und Himmelgedöns wahrheitsgemäß mit »Weiß ich nicht – Keine Ahnung – Hab ich vergessen« zu antworten. Was zur Hölle ist nur los mit mir?

Mein Sohn sucht übrigens nicht nur diesen Jesus in Kathedralen, sondern auch Drachen im Gebüsch des Kindergartens. Ich nehme an, es handelt sich um eher kleinwüchsige Drachen, denn normalerweise fällt so ein feuerspuckendes Schuppentier hinter einer Hecke doch ziemlich auf. Manchmal ist der Kleine – also mein Größter – auch selbst grad ein Zauberer, eine Prinzessin

oder ein Schlossgespenst. Und solange Maria und Josef in die gleiche Kategorie fallen wie Fabeltiere und Spukgeister, sollte ich vielleicht mal wieder runterkommen. Zumal es auch schlimmer geht: Der ungetaufte, areligiös erzogene Sohn einer lieben Kollegin hat sich neulich auf dem Flohmarkt ein Kreuz, eine Bibel und einen Kelch gekauft, um sich im Kinderzimmer einen Altar zu bauen. Na, dann lieber winzige Drachen in der Kita.

Und da wir ja wissen, welche Gräueltaten seit zweitausend Jahren im Namen der Bibel und im Namen des christlichen Gottes begangen wurden (und weiter werden), fahren wir vielleicht zukünftig mit dem Koran gar nicht so viel schlechter, oder? Ein religiöses Bekenntnis sagt ja noch nicht viel über den jeweiligen Menschen aus. Es gibt sehr, sehr nette gläubige Menschen. Es gibt richtig dufte Christen und herzallerliebste Muslime und sogar sympathische Veganer. Und natürlich gibt es im Gegenzug genauso atheistische Arschis allererster Güte. Aber eben auch liebenswürdige agnostische Humanisten, und wenn Sie ein bisschen suchen, finden Sie mit etwas Mühe vielleicht sogar einen total egoistischen hundsgemeinen Buddhisten. Man müsste mal akzeptieren lernen, dass es diesbezüglich keinen tatsächlich haltbaren Zusammenhang zu konstatieren gibt: Religiöse Bekenntnisse sind nicht zwangsläufig charakterliche Defizite. Andererseits schützen sie aber auch keineswegs vor solchen.

Zählt man, wie ich, persönlich Steinigungen, Folter und die systematische Unterdrückung von Frauen nicht unbedingt zu den positiven Erscheinungen der letzten zweitausend Jahre, so fällt einem recht wenig ein, was ausgerechnet Religionen zur Qualitätssteigerung des Lebens aller Menschen beigetragen haben sollen. Allein der Ablasshandel hat sich fraglos inspirierend auf die Architekturgeschichte Europas ausgewirkt; andererseits käme man heutzutage sicher auch ganz gut ohne das eine oder andere protzige Dömchen aus. Außer in Köln – da hat man, wie neulich eine Dame im Radio feststellte, ja sogar extra die große Kirche praktischerweise direkt neben den Bahnhof gebaut.

Ansonsten gehen Glaubensbekenntnisse weltweit

meist einer mit Hass, Gewalt und fragwürdigen Steuererhebungen – weshalb ich, als ich noch kinderlos war, entschlossen auf eine vollständige Entspiritualisierung zentraleuropäischer Gesellschaften hinarbeitete. Und zwar anhand äußerst konsequenter Grundsätze: Kirchen sind lediglich im Hinblick auf baugeschichtliche Aspekte zu besuchen, Auftritte für kirchennahe Veranstalter sind abzulehnen. Außer bei echt hohen Gagen.

Stichwort »gute Vorsätze«: Man könnte die Kirche beziehungsweise die Kirchen endlich mal enteignen. Denn ihr Reichtum basiert bekanntlich auf Blutgeld. Natürlich besteht nicht die ganze Kirchengeschichte aus Mord und Totschlag; es gab ja auch noch Erpressung und Folter. Nach der gelungenen Enteignung stecken wir diesen unfassbaren Reichtum in etwas Sinnvolles: in humanistisch konfessionslos-agnostische Kindergärten zum Beispiel. Auch wenn es in denen so lustig wahrscheinlich gar nicht ist, weil zugegebenermaßen nicht gerade die allerwärmste Sonnengruppen-Frühstücksatmosphäre aufkommt, wenn man den kleinen Fragestellern auf »Gibt es einen Gott?« konsequenterweise entgegenbrüllen muss: »Kann sein, muss aber nich'!«

Solch eine Enteignung der Kirche muss sich selbstverständlich auch richtig lohnen. Drum müssten vielleicht erst einmal viel mehr Menschen wieder dort eintreten – gewissermaßen für den guten Zweck. Es heißt ja auch immer: »Kirche sind wir.«

Nicht dass es aufgrund der zahllosen Austritte irgendwann heißt: »Kirche sind vier.«

Was ich nicht verstehe, ist dieser fatale missionarische Eifer, dieses Missionieren. Atheisten gehen doch auch nicht von Haustür zu Haustür und sagen »Ding-dong, schönen guten Tach, wir würden sehr gerne mit Ihnen über Gott lästern.«

Nun ist es aber so, dass durch Nachwuchs nicht nur plötzlich andere Menschen bei einem daheim einziehen, sondern man selbst auch ein gewissermaßen anderer Mensch wird. Denn entgegen meiner eigenen Überzeugung tue ich mich ein bisschen schwer damit, bei jeder noch so kleinen übersinnlichen Implikation im Rahmen kindergärtlicher Erntedank-, Frühlings-, Advents- und Osterfestivitäten lautstark irgendwas von wegen Hirngespinsten, konservativer Indoktrination und antiaufklärerischer Rückwärtsgewandtheit herumzubrüllen. Lust hätte ich dazu manchmal schon. Aber ich falle ja bereits mit meinen veganen Nachspeisen gehörig auf.

Dabei wollte ich immer, dass sich meine – damals noch zukünftigen – Kinder den handelsüblichen, wiewohl nicht selten schmerzhaften Ablösungsprozess vom Lieben Gott und seinem Christkindchen sparen können. Aber wie sollte das konkret ablaufen?

»Papa, heute kommt der Nikolaus in den Kindergarten.«

»Den gibt's nicht.«

»Papa, wo wohnt der liebe Gott denn noch mal?«
»Der ist nicht lieb.«
»Wohnen die Engel oben in den Wolken drin?«
»Es gibt keine Wolken.«
Tolle Strategie. An Weihnachten lese ich den Kleinen, statt vor der Krippe abzuhängen, aus der *Kritik der reinen Vernunft* vor, und anstelle der Ostereiersuche im Garten analysieren wir religionskritische Thesen von Karl Marx. All das ginge wahrscheinlich komplett nach hinten los, weil das ganze spirituelle Heiteitei durch Papas rigoroses Verbot unfassbar interessant würde für rebellische Kids, und am Ende kommen sie dann mit Kreuz und Kelch bewaffnet vom Flohmarkt heim. Oder beten heimlich hinterm Hauptbahnhof, wo sich die jugendliche Spiritistenszene vor ihren areligiösen Eltern versteckt.

Somit sieht man auch im Hinblick auf die religiöse Prägung des Nachwuchses, dass Erziehung nicht nach dem Schema Input-Output funktioniert. Nur weil du die Anweisung »Bitte, bitte nicht für Jesus und den Papst interessieren« reinsteckst, heißt das nicht, dass schlussendlich nicht doch ein »Aber das mit dem Weihrauch ist doch sooo schön« rauskommt. Und ist es vertretbar, als Papa mit lautem »Hui-Buuh« oder angeklebtem Drachenschwänzchen durchs Haus zu rennen, beim Thema Heiliger Geist jedoch mit Angstschweiß, nervösen Flecken am Hals und Beklemmungen zu reagieren?

Gut, weder die mir bekannten Gebüschdrachen

noch handelsübliche Schlossgespenster neigen meines Wissens dazu, an jede zweite Wand einen Gekreuzigten zu hängen. Aber Dekoration ist ja zweifelsohne Geschmackssache. Und am Ende muss man seinen Kindlein schlicht und ergreifend zutrauen, sich von dem übersinnlichen Quatsch ihrer Kindheitstage selbst freizustrampeln. Hat bei mir ja auch geklappt.

Erschreckend ist, wie mühelos es meinen Kindern gelingt, was Hunderte von Diskutanten in den Jahren zuvor nicht geschafft haben: meine pseudo-eisernen Positionen zu Gott und der Welt geschmeidig aufzuweichen. Vielleicht sollten die drei zukünftig mal Verhandlungen zwischen Nord- und Südkorea leiten – ich sehe da großes Potential. Denn was ist eigentlich mit Opa? Der ist doch letztens urplötzlich und viel zu früh gestorben. Wo ist der denn bitte jetzt?

Mein Sohn schlug komplett eigenständig vor, der Opa sei nun ein Engelchen auf einer schönen Wolke. Im ersten Moment dachte ich: »Och, das wäre aber echt schön, ja genau, super!« Im zweiten: »Jesus Christus, woher hat der Kerl diesen irrationalen Unsinn?« Tatsächlich befindet sich Opa höchstwahrscheinlich gerade nicht auf einer Wolke. Aber soll ich mein mich mit großen traurigen Augen anblickendes Söhnchen-Böhnchen allen Ernstes mit Nachdruck von meiner ganz und gar gegenteiligen Friedhofs-und-Urnen-Theorie überzeugen?

Vor solchen unangenehmen Wahrheiten drückt man sich als Hobbypädagoge ganz gern, allerdings nicht den Kindern, sondern vor allem sich selbst zuliebe. Die kleinen Menschlein dagegen haben in der Regel einen sehr viel befreiteren, unbelasteteren Umgang insbesondere mit dem Thema Sterben. Neulich wurde meine Mutter mit folgender Anfrage ihres Enkels konfrontiert: »Oma, du hast so eine schöne Wohnung … darf ich die mal haben, wenn du tot bist?«

Erstaunlicherweise reagierte die zum Glück quicklebendige Oma völlig schmerzfrei mit: »Na klar, das können wir so machen.«

»Juchuuu!«

Man kann eben auch hier viel von Kindern lernen. Und die Wohnung ist tatsächlich sehr schön.

Obwohl Kinder das Thema Tod noch nicht wirklich einordnen und verstehen können, finden sie mitunter bemerkenswert passende, weil originell tröstende Worte. Einen Monat nach dem Tod meines Schwiegervaters sagte unser größter Kleiner zu meiner Frau: »Du hast jetzt einen neuen Papa. Ich bin dein neuer Papa …«, und fügte überdies hinzu: »… und fliege mit einer Rakete durch das Weltall.« Gut, den letzten Part hätte er sich gegebenenfalls schenken können, aber ich finde es sehr tröstlich, dass meine geliebte Frau so schnell einen neuen Vater gefunden hat. Einen sehr kleinen Papa zwar, aber immerhin.

Viel wichtiger als die Frage, welche Haltung man seinen Kindern gegenüber dem ganzen unsichtbaren, immateriell-spirituellen Zeugs zu vermitteln versucht, ist vielleicht jene, welches Verhältnis die Kleinen sich zu den materiellen Dingen, zu den Tonnen von Besitztümern abschauend aneignen. Sosehr Todesfälle von einer Boden-unter-den-Füßen-wegziehenden Wirkung sind, so verändern sie doch zumindest potentiell den Blick auf das jeweils eigene prämortale Treiben auf diesem Planeten – eventuell sogar zum Positiven. Ich weiß, niemand kann diese gähnend langweiligen und mittelschwer abgenutzten Sprüche leiden, die auf jeder preiswerten Kaffeetasse stehen könnten: »Das letzte Hemd hat keine Taschen«, »Lebe jeden Tag, als wäre es dein letzter«, »Alles ist vergänglich«, »Yolo!«. Räumt man aber tagelang eine Wohnung – und sei es nur eine klitzekleine, fernab jeglichen Reichtums – komplett aus, kommt man in seinem eigenen Kopf gefährlich nahe an den Punkt, solchen abgelutschten Lebensweisheiten einmal in Ruhe nachzuspüren. Eingermaßen fassungslos steht man vor Bergen aus Papier, Unterlagen, Büchern, Kleidungsstücken, Geschirr und Fotos, gut sortiert, liebevoll geordnet – und vor allem: wahnsinnig viel. Nachdem man anhand der zahlreichen persönlichen Stücke eine abenteuerliche gedankliche Reise in die eigene Kindheit und Jugend unternommen hat, steht man als Kind, das man ja selbstredend irgendwie immer bleibt, vor der absurden Entscheidung zwischen Müllcontainer oder mit nach Hause nehmen. Unweigerlich gewinnt der Container, wenn auch nur in quantitativer Hinsicht. Denn wirklich Unersetzliches wird gerettet, vorsichtig transportiert und als materieller Träger immaterieller Erinnerungen aufbewahrt.

Irgendwie steht man zwischen Kartons und Säcken etwas hilflos dämlich in der Gegend rum und denkt aus der Tiefe des eigenen Herzens, das warscheinlich im Kopf sitzt: »Ja, das Einzige, was wirklich bleibt, sind die Erinnerungen an das gemeinsam Erlebte, die Gespräche, die Reisen, die bescheuerten Diskussionen, die versöhnlichen Umarmungen – fertig.« Zumindest, wenn man nix erbt. Mehrere Millionen Euro Barvermögen bleiben natürlich auch. Jedenfalls eine Zeitlang.

Immer wieder wird bemängelt, wir alle würden uns in unserer postmodern atomisierten Vereinzelungsgesellschaft unsere eigenen kruden Patchwork-Religionen aus einer Vielzahl widersprüchlicher Aspekte von hier und da zusammenklauen. Diesbezüglich muss ich ganz klar feststellen: Ja, genau – ist doch großartig. Was denn sonst? Sehnt sich irgendjemand ernsthaft nach den Zeiten zurück, in denen Glaube, Ansichten und gesellschaftliche Position von Geburt an in Stein gemeißelt waren, nach dreistündiger lateinischer Liturgie mit Feudalsystem, Leibeigenschaft und Patriarchat? Wohl kaum. Dann doch lieber ein bisschen Pseudobuddhismus hier, ein paar christliche Restrituale da und ein Hauch Zen-Meditation to go. Das heutige religiöse Kuddelmud-del ist vielleicht beknackt, aber es ist wenigstens selbstgemacht.

Hier sehen Sie einen Pfau. Ich finde, man sieht ihm an, dass sich der kindliche Maler zeitgleich ebenso intensiv mit Raketen und Raumschiffen beschäftigt hat.

12.

»Jetzt sei mal schön brav.« – *»Warum?«*
Jenseits von Gut und Böse

Wir pseudoerwachsenen großen Leute sind es gewohnt, andere Menschen und ihr Verhalten auch und insbesondere in die Kategorien »gut« und »böse« einzusortieren. Die Schublade »voll behämmert« steht einem ergänzend natürlich ebenfalls zur Verfügung, gilt aber mittlerweile als diskriminierend gegenüber Heimwerkern und Mitarbeitern von Baumärkten. Kleine Kinder allerdings verstehen moralisches Denken und ethisch korrektes Verhalten eher so wie ich Steuererklärungsformulare, sprich nur sehr, sehr schwer, äußerst langsam und *eventuell*, mit viel Hilfe, von Jahr zu Jahr ein ganz klein wenig mehr.

Das, was zwischen Erwachsenen ein weitgehend friedfertiges Zusammenleben ermöglicht, also das Nachvollziehen der Situation eines anderen Menschen, schlechtes Gewissen und die rudimentäre Verinnerlichung moralischer Überzeugungen, fehlt bei diesen miniaturesken Leuten zunächst einmal vollständig. Da kann man sich als Papa mit Karacho die Treppe herunterstürzend auf die Fresse legen – und hat anschließend einen dreijährigen Knirps neben dem eigenen schmerzverkrümmten Körper stehen, der nichts anderes dazu zu sagen hat als: »Ich gehe jetzt mal ein Bild malen.« Meines Erachtens hätte es ein »Oh, armer Papi, hast du dir sehr schlimm weh getan, soll ich Mama oder eine Ibuprofen holen?« genauso getan, aber okay.

Unbeobachtete Zweijährige drücken und quetschen an winzigen Neugeborenen bemerkenswert interessiert herum und halten deren entsetztes Gequake wahrscheinlich für einen Ausdruck der Freude. Und stattet man ein Kind mit zwei Apfelstückchen und dem Hinweis aus, es solle eins davon doch bitte seinem Brüderchen mitbringen, so hat man wahrscheinlich gleich darauf einen dreijährigen Zwerg hinterm Sofa hocken, der genüsslich zwei Obststücke gleichzeitig, quasi stereo futtert.

Schlussendlich gucken einen kleine Kinder ziemlich verdutzt und reichlich unverständig an, wenn man ihnen erklärt, dass sie Mitmenschen auf keinen Fall hauen dürfen. Gut, es ging um den akuten Verlust eines blauen Sandförmchens, da kann man im Affekt schon mal ordentlich zulangen. Und seien wir ehrlich: Im übertragenen Sinne um sich schlagen tun Erwachsene ja auch, wenn man ihnen im übertragenen Sinne ihre Förmchen wegnimmt.

Ist es da ein Wunder, dass die besitzorientierten

kleinen Racker einen mordsmäßigen Aufstand machen, wenn es um die eventuelle – und sei es auch nur gefühlte – Benachteiligung ihrer selbst geht? Da kann die Verpflichtung, ein Blatt Papier teilen zu müssen, schon mal zu krampfartigen Heulattacken führen, als habe man ihnen gerade mutwillig die Lebensgrundlage entrissen.

Manchmal scheint es, als seien Kinder in ihren allerersten Lebensjahren vor allem raffgierig, geizig, unnachgiebig und egozentrisch, also im weitesten Sinne »böse«. Auch wenn sie ganz im Gegenteil dazu von Zeit zu Zeit als herzallerliebste Engelchen auftreten können, die sich liebevoll um andere sorgen, großherzig teilen und fast so etwas wie Altruismus an den Tag legen, sprich: im engeren Sinne als gewissermaßen »gut« durchgehen. Letzteres erfreut das elterliche, also zutiefst verblendete Herz selbstredend. Ersteres ist stets hochgradig unangenehm und führt daher insbesondere in der Öffentlichkeit zu entsprechend hysterischem parentalen Aktionismus.

In Wahrheit jedoch sind kleine Kinder beides gleichermaßen nicht, weder richtig »gut« noch jemals in irgendeiner Weise »böse«, so dass sowohl ein pädagogisches Abfeiern der moralisch einwandfreien Nächstenliebe als auch das Ausflippen aufgrund der überraschenden Arschlochhaftigkeit des eigenen Kindes keinen Sinn ergeben. Vielleicht müsste man den Nachwuchs vielmehr als extraterrestrische Lebensform, als wahrhaft außerirdische Besucher auf dem Planeten Erde beziehungsweise Ethik betrachten. Sämtliche verbalen Exkurse über gutes und böses Verhalten gleiten an diesen Teflon-Menschlein ohnehin weitgehend ab, solange sie diese Kategorien selbst kaum verstehen.

»Du darfst den Hannes aber nicht schubsen.«

»Warum?«

»Weil das dem Hannes schlimm weh tut.«

»Ja, aber warum?«

Am Ende orientieren sich Kinder ohnehin eher daran, wie man als Elternteilchen handelt, als an dem, was man Zeigefinger schwenkend an ethischen Vorträgen hält – womit der Ball mal wieder bei einem selbst liegt. Wenn man jedem SUV-Fahrer, der einen gefährlich schneidet, an der nächsten Ampel lautstark brüllend fette Prügel androht, während auf der Rückbank zwei Kindergartenkinder ängstlich zusammenzucken, kann man sich die zahlreichen verbal geäußerten Schubs-, Hau- und Kratzverbote gleich schenken.

Von Nachahmung abgesehen, entsteht scheinbar moralisch vertretbares, ethisch hochwertiges Handeln bei Kindern aufgrund von nüchternen Kosten-Nutzen-Rechnungen, zu denen die kleinen Strategen recht schnell in der Lage sind.

»Papa, ich habe den Hugo heute noch gar nicht geärgert. Gut, ne? Kriege ich jetzt einen Riesennachtisch?«

Oh, ließen sich doch alle Fieslinge dieser Welt

durch simple Dinge wie Joghurt mit Rosinen zum Guten bekehren; mir wäre die Scheinheiligkeit der ganzen Angelegenheit vollkommen egal. Aufgrund finanzieller Gesichtspunkte würde selbst ich als Teilzeitveganer in den weltweiten Vertrieb biologisch produzierter Milchprodukte einsteigen und im großen Stile Trauben trocknen. Denn bekanntlich kommt erst der Nachtisch und dann die Moral. Wenn überhaupt, und auch nur dann, wenn bei der großen Sultaninenausgabe exakt abgezählt und gleichmäßig verteilt wurde. Sonst ist aber was los!

13.

Scheiße
Entscheidend ist, was hinten rauskommt

Nette Kapitelüberschrift, was? Falls Sie, werte Leserin oder werter Leser, nach dem Durchblättern des Inhaltsverzeichnisses beschlossen haben, exakt an dieser Stelle mit der eigentlichen Lektüre zu beginnen: Herzlich willkommen. Und Glückwunsch, Sie sind mit dem Buch dann auch viel schneller durch.

Schwangerschaft und Geburt, die Gründung von Familien und nachfolgend die optionalen personellen Erweiterungen derselben, die ersten Tage und Wochen, ja Monate im Leben der zauberhaften kleinen Wesen – all dies sind mehr oder weniger und auf ihre jeweils eigene Art und Weise magische, beflügelnde, zutiefst beseelende Phasen und Momente. So weit, so toll.

Gleichzeitig und nicht weniger zentral führen einen Mutter- und Vaterschaft in die ganz basalen und profanen Niederungen menschlicher Existenz. Ungezählte bis zum Bersten gefüllte Windeln, zahllose klatschnasse Unterhosen und sonstige toiletteske

Missgeschicke haben wir in den vergangenen fünf Jahren entsorgt, gewaschen und fachmännisch beseitigt. Und zwar mit was genau? Mit großer Selbstverständlichkeit. Das finde ich im Nachhinein nicht selbstverständlich, zumindest nicht für mich.

Ich hege seit jeher eine wirklich große, ja nicht zu ermessene Bewunderung für all jene wunderbaren Personen, die sich tagtäglich und zudem über Jahre hinweg, weil nämlich beruflich, um noch zu kleine oder schon zu alte Menschen kümmern und diesen oder sonstigen Hilfsbedürftigen zu einem sauberen Hintern verhelfen. Und wer in seinem Leben einmal mit einem nicht geputzten Hinterteilchen durch die Gegend laufen musste, weiß, dass ein blitzeblanker Popo nach Atmen, Trinken und Essen ein entscheidender Punkt auf der langen Checkliste Richtung Lebensqualität ist. Alles andere ist echt für'n Arsch.

Oh, ihr Kindergärtnerinnen und Altenpfleger, ihr

»Sämtliche ethnologisch erforschten sozialen Gruppierungen haben verschiedenste, teils pragmatische, teils religiös konnotierte Formen und ritualisierte Abläufe körperlicher Hygiene ausdifferenziert, die innerhalb der jeweiligen Gemeinschaft eine grundlegende Säule für die friedliche Koexistenz von Individuen insbesondere innerhalb extrem begrenzter räumlicher Gegebenheiten darstellen.« Simone Stuhl, Heribert Wurst und Michael von Drükeden-Haufen: *Entscheidend ist, was hinten rauskommt. Die Kot-Anthologie. Beiträge zur Erforschung der soziologischen Dimension von Verdauung und Ausscheidung.* Darmstadt 2011, S. 455 f.

Heilerziehungspfleger und Stationsschwestern dieser Welt, ich habe euch stets mit einer Mischung aus Respekt und Ekel zutiefst bewundert. Und tue es im Übrigen noch heute. Schließlich seid ihr die Windelwechsler, Abputzer und Sauberwascher von Menschen, die euch im Zweifel nicht einmal besonders nahestehen, die ihr unter Umständen nicht einmal richtig leiden könnt, die ihr in der Regel jedenfalls nicht per se abgrundtief liebt, wie dies bei Eltern und Kindern der Fall ist. Vielleicht sollte man all den komplett überbezahlten Managerinnen und Managern, nachdem sie sich mittels Insiderinformationen auf Kosten anderer persönlich bereichert haben und sich personelle Auslagerungen in untertarifig zahlende Tochterfirmen mit dicken Boni haben vergolden lassen, zur Strafe zu 12-wöchigen Zwangspraktika im sogenannten sozialen Bereich verdonnern: vier Wochen Kindergarten, vier Wochen Altenheim, zwei Wochen in der vollständig stationären Behindertenpflege, zwei Wochen Hospiz. Da können die Alphamännchen und -weibchen dann mal ausgiebig eigene Recherchen im Bereich »weiche Themen« anstellen. Denn Tatsache ist: Shit happens! Häufig sogar mehrmals am Tag.

Dass ich selbst durch meine drei Jungs weitgehend immun geworden sei gegen apokalyptische Duftmarken, matschig-breiige Konsistenzen und aus sämtlichen Körperöffnungen herausgeschleudertes organisches Material, stimmt nur sehr bedingt. Biochemische Prozesse in meinem Körper oder emotionsbasierte Verschaltungen in meinem väterlichen Hirn haben die objektiv immer noch widerlich anmutende Welt anscheinend mit einer Art multisensorischem Weichzeichner überzogen. Dieser allerdings beschränkt sich definitiv auf diese drei kleinen Gestalten bei mir daheim, deren Gesäße ich zu pflegen habe.

Mit dem Rest der klebrigen, staubigen, stinkenden, versifften, vollgespuckten und angepinkelten Wirklichkeit auf diesem Planeten verhält es sich bekanntlich nach dem Kinderkriegen genau andersherum. Kaum hat man die Endorphinblase nach der Geburt des Nachwuchses verlassen, schon verschlägt es einem optisch, haptisch wie auch insbesondere nasal die Sprache. Kinder sind in diesem Sinne nicht bloß sinnstiftend, sondern auch von einer die Sinne extrem schärfenden Wirkung und daher vor allem für Großstadtpaare mit Vorsicht zu genießen. Noch vor wenigen Wochen ist man leichtfüßig und geruchstechnisch weitgehend unbekümmert durch die Stadt geschlendert auf Gesteigen, die voll sind von jahrhundertealten Kaugummiresten, kleinen Seen aus Rotz, Urinflecken und mit diversen Hundehäufchen fusionierten Zigarettenstummeln. Doch kaum hat man den Nachwuchs vom Krankenhaus ins traute Heim geholt, denkt man sich: »Okay, draußen ist es vielleicht nicht per se feindlich, aber ein bisschen eklig allemal.«

Die heimische Toilette ist durchaus ein mitentscheidender Ort der schrittweisen Zivilisierung und Kultivierung von Kindern – ein in Wahrheit fabelhafter Platz, an dem man nicht nur ein Gefühl für die eigenen körperlichen Zustände, die Folgen des eigenen Daseins, sondern darüber hinaus auch den höflichen Respekt vor allen späteren Nutzern dieser sanitären Einrichtung erlernen kann. Was dagegen ein Großteil der Gesellschaft für Mitmenschen und nachfolgende Generationen übrighat, erkennt man am allerbesten an öffentlichen Toiletten, diesen Folterkammern selbst für Teilzeitästheten. Und meiner Erfahrung nach stellt das Waschen der Hände nach dem Klobesuch eine Selbstverständlichkeit dar. Für Frauen. Männer dagegen gehen tagtäglich freundlich grinsend mitsamt ihrer Bierplautze, ohne den Wasserhahn auch nur eines Blickes zu würdigen, an mir vorbei und schnurstracks aus dem Klo heraus, als hätten sie sich dort nur mal kurz umgeschaut. Wenn ich allerdings überlege, was ich den lieben langen Tag über so alles anfasse, begrabsche, ertaste und flüchtig streife, wäre es gegebenenfalls noch viel angebrachter, die eigenen Flossen immer schon *vor* dem Toilettengang zu säubern. Nicht dass das Zauberstäbchen sich noch was einfängt.

Ein Traum dagegen ist die heimische Toilette samt bestens vertrautem Badezimmer. Nicht nur aufgrund des ansatzweise hygienisch zu nennenden Zustands, sondern auch, weil im Zusammenleben mit Kindern ausgerechnet Dusche und Klo zu den letzten beiden Refugien tatsächlicher Privatsphäre aufsteigen. Vorausgesetzt, es sind funktionierende Schließsysteme vorhanden. Sonst hat man freilich auch auf'm Pott gerne mal einen Kinderfinger im Ohr stecken mit der Frage: »Papa, stört das?«

Ja, liebe Kinder, das stört. So ein schmandiger Minizeigefinger im Gehörgang stört gewaltig, und zwar nicht nur beim Pinkeln, sondern grundsätzlich. Das solltet ihr euch spätestens bis zum ersten Vorstellungsgespräch echt abgewöhnen.

Das Problem: Kinder lassen sich nur äußerst ungern ausschließen und nehmen selbst im besten Wortsinne atemberaubende Duftwolken in Kauf, einfach nur, um die geliebte Zweisamkeit selbst um diese paar Minuten zu verlängern.

Hat man es ausnahmsweise geschafft, das Badezimmer ohne nennenswerte emotionale Zusammenbrüche der mitlaufenden Kinderschar zu erreichen und auf der anderen Seite der Tür zu verriegeln, so erlebt man sowohl auf der Toilette als auch unter der Dusche das, was für mich noch vor einigen Jahren zum Beispiel die rote Gauloises-Zigarette darstellte: fünf Minuten Freiheit.

Nebenbei bemerkt, ist es sehr erstaunlich, wie häufig ich in letzter Zeit aufs Klo muss. Meine Frau macht sich sicher bereits Sorgen um meine Gesundheit. Na ja, dafür bin ich mit mehrmaligem Duschen am Tag echt ein reinlicher Typ. Ist bei den ständigen

Toilettengängen aber auch wirklich nötig. Liberté toujours? Nö – wie gesagt, fünf Minuten maximal. Danach müssen auf jeden Fall dringendst wieder Finger in schlecht bewachte Ohren gestopft werden.

Die unaufhebbare thematische Verschränkung von Kindern und Kacke ist für Menschen wie mich, die sich ihr Leben lang liebend gern vor tatsächlicher Arbeit – im Sinne von sich im Dienste einer Sache auch mal die eigenen Hände schmutzig machen – gedrückt haben, eine Art heilsamer Schock. Es wird einem dadurch doch unvermeidlich bewusst, dass unsere schicke Lebenswirklichkeit überhaupt nur deshalb halbwegs funktioniert, regelmäßig gereinigt wird und kleine, alte und kranke Menschen sich einigermaßen betreut fühlen können, weil es Menschen gibt, die sich jeden Tag in den Niederungen des Alltags zwischen Müllabfuhr, Kinderkrippe und Altenstift tatsächlich die Hände freiwillig schmutzig machen.

Merci, dass es euch gibt.

14.

»Papa, warum sieht dieser Kindergarten aus wie ein Gefängnis?«
Von wegen Namen tanzen

Unsere Kinder befinden sich andauernd in irgendeinem Garten. Sie sind in öffentlichen Gärten, in denen von Freunden, sie sind in Opas Garten und mittlerweile sogar in unserem eigenen, der bis vor kurzem noch Balkon hieß. Ich gehöre keineswegs zu diesen leicht Verstrahlten, die Gärten jedweder Form allen Ernstes für ein Stück Natur halten, denn es ist ja in Wahrheit exakt das Gegenteil, nämlich im Wortsinne Kultur, von Menschenhand angelegte, zurechtgestutzte und gehegte Pseudonatur. Echte Natur ist da, wo Großstadtmenschen wie ich innerhalb weniger Tage oder gar nur Stunden sterben würden. In unseren Gärten ist es aufgrund zahlreicher chemikalischer Präparate hingegen maximal für Tiere und Pflanzen schwer zu überleben.

Aber ich will gar nicht von jenen weitgehend grünen Gärten sprechen, sondern von einem ganz anderen – knallebunten. Denn der Kindergarten ist ein ganz besonderer Garten. Es wachsen dort neben Schaukeln und Sandkästen noch viele weitere, bisweilen ganz erstaunliche Pflanzen.

Unser ältester Sohn war bereits drei Jahre, drei Monate und drei Tage alt, als er seine schmalen Füßchen zum ersten Mal über die Schwelle dieses pädagogischen Etablissements setzte. Damit gilt er heutzutage glatt als institutioneller Spätstarter, aber was soll's, wir mochten beziehungsweise mögen ihn halt und haben zudem das nicht zu unterschätzende Privileg, uns nicht von mindestens drei Vollzeitjobs ernähren zu müssen (»Und was macht dein Papa beruflich?« – »Lalala und haha!« – »Und sonst?« – »Nix!«). Ich persönlich wie auch die Mutter meiner Kinder hatten nie das dringende Bedürfnis, unsere Buben möglichst zeitnah nach der Geburt loszuwerden.

Spätestens mit Beginn der Kindergartenzeit gibt man sein Kind ein gutes Stück weit aus der Hand. Die meisten Kinder haben zu diesem Zeitpunkt bereits einen gehörigen Erfahrungsschatz in Sachen Fremdbetreuung erworben. Dies liegt nicht unbedingt primär daran, dass Frauen, die dann ja Mütter heißen, heutzutage gern sofort wieder arbeiten gehen möchten oder vielfach müssen, sondern vor allem daran, dass einer Mehrzahl der Männer die Optionen »beruflich kürzertreten«, beidseitige Teilzeit oder zeitweiser Rollentausch noch immer völlig fremd sind. Abgesehen davon, dass man ohnehin niemanden schief angucken sollte, der aus welchen privaten oder beruflichen Gründen auch immer sein Kind in eine Betreuungseinrichtung gibt, müsste man – wennschon, dennschon – bitte beide Elternteilchen und nicht nur stets die Mütter dumm von der Seite anmachen.

>>Nicht die nach wie vor systemimmanente Diskriminierung von Frauen wurde abgeschafft, sondern ihre Sichtbarkeit, so dass die Lage nicht weniger ernst, sondern lediglich deutlich subtiler geworden ist.<< Alexander Weißer: *Das wache Geschlecht. Oder warum Frauen nur privat unterdrückt werden sollten.* Mannheim 2011, S. 49288

Selbst 2016 merke ich noch häufig, dass sich Mütter für Dinge beinahe entschuldigen, die sich die dazugehörigen Väter mit großer Selbstverständlichkeit gönnen würden: bezahlte Betreuungsangebote buchen, mal 'ne Pizza kommen lassen, statt selbst zu kochen, Kind für eine halbe Stunde vorm iPad vergessen... Warum auch nicht? Reicht doch, wenn sich einer in der Familie den hübschen Kopf zerbricht und schlecht fühlt, nicht wahr?

Ich würde meine eigene pädagogische Position als engagiert-anspruchsvoll-komplett-hoffnungslos-optimistisch bezeichnen. Weshalb ich nicht tatenlos abwarten konnte, bis die in jeglicher Hinsicht höchst spezielle Stadt Köln uns einen Kindergartenplatz ihrer Wahl zuteilte. Viele Eltern erfragen besorgt den jeweiligen Anteil an sogenannten Migrantenkindern. Mit der gleichen Selbstverständlichkeit sollte man mal offiziell anfragen, wie viele Kinder von generalbekloppten, latent nationalistisch eingestellten Deutschland-Flagge-im-Vorgarten-Hisser-Vollproleten denn in diese oder jene Einrichtung gehen. Ich gucke mir lieber das Personal an sowie deren konzeptionelle Ansätze; die bereichern den Kindergartenalltag ja häufig deutlich weniger als sogenannte Migranten*Innen.

In der für uns vorgesehenen städtischen Einrichtung übrigens hätte es eine lustige Freitagstradition gegeben. Alle Bübchen und Mädels dürfen an diesem finalen Tag der Kindergartenwoche ein Spielzeug ihrer Wahl von zu Hause mitbringen. So weit – so dämlich. Nun sollte es sich laut leitender Gärtnerin dabei nicht um computerähnliche, lärmende elektronische Geräte handeln (was ich bei drei- bis fünfjährigem Humanmaterial durchaus naheliegend finde). Dass freitags dann dennoch unverkennbar alle Kinder unmotiviert auf irgendwelchem blinkenden Plastikschrott herumdaddelten, wurde von der wahrscheinlich komplett resignativen Dame kommentiert mit: »Ja, eigentlich nicht, wir hatten die Eltern auch darauf hingewiesen, aber na ja … kann man nix machen.« Schön, wenn man von Zeit zu Zeit Menschen trifft, die noch weniger pädagogisches Rückgrat haben als man selbst; das hat mich glatt ein wenig entspannt.

Darüber hinaus durften die Kinder ihr Frühstück

selbst von zu Hause mitbringen. Auch hier wurde wohl mal latent darum gebeten, den kleinen zukünftigen Diabetiker*Innen und Fettleibern nicht unbedingt haufenweise Schokoriegel und Artverwandtes einzupacken. Trotzdem kommt es anscheinend wie von Geisterhand allmorgendlich zu großen Snickers-gegen-Mars-gegen-MilkyWay-Tauschaktionen. Bon appétit!

Natürlich kann man sich liebe- und mühevoll tagtäglich um eine krakeelende Rasselbande kümmern. Dafür bräuchte es allerdings feste Abläufe, viel Kreativität und eine ernsthafte Auseinandersetzung mit den Fähigkeiten und Bedürfnissen kleiner Kinder. Genauso gut kann man die kleinen Scheißer jedoch auch in aller Ruhe mit Computerspielen und Zucker sedieren und sich derweil entspannt eine Latte macchiato zapfen. Aus einer formschönen Aluminiumkapsel, versteht sich; schließlich sollen die Kleinen ja einen positiven Bezug zu nachhaltigem Konsum entwickeln (oder halt auch nicht). Ich hätte niemals gedacht, dies zu tun, aber nach diversen Besichtigungen sind wir letztlich in einem Waldorf-Kindergarten gelandet.

Kinder zu haben beziehungsweise von Unbekannt (aka Gott) geschenkt bekommen zu haben eröffnet einem nicht nur die Möglichkeit, selbst in zahllose Klischees und Vorurteile zu verfallen, sondern darüber hinaus auch, einige liebgewonnene abzulegen oder die vermeintlich eigenen Grundüberzeugungen zumindest einer Prüfung zu unterziehen. Es gibt tonnenweise Literatur pro und contra Waldorfpädagogik, der ich an dieser Stelle keine einzige weitere pauschalisierende, polemisierende oder agitierende Seite hinzufügen möchte. Wie immer bei Einrichtungen, Schulen, Arbeitgebern und generell übrigens bei Menschen sollte man sich schlussendlich immer den jeweiligen konkreten Einzelfall anschauen. Ich beispielsweise fühlte mich an meiner völlig gewöhnlichen Staatsschule in Köln-Porz pudelwohl, weiß aber, dass manch anderer ein nordkoreanisches Arbeitslager liebend gern vorgezogen hätte. Himmel und Hölle liegen eben oft nah beieinander beziehungsweise im Auge des Betrachters.

In unseren Kindergarten würde ich ab und zu tatsächlich selbst ganz gern gehen. Und wenn ich es aufgrund von Tourneeauftritten mal nicht schaffe, das morgendliche Hinbringen persönlich zu erledigen, fehlt mir mittlerweile dieser so liebevoll wie klar strukturierte Start in den zumeist sehr viel unstrukturierteren Tag. Mit gekonntem Blick supervise ich den fußigen Wechsel meines mittleren Sohnes von Straßenschuhen auf Pantöffelchen und hänge seine Zwergenmütze routiniert auf einen winzigen Haken. Derweil höre ich aus dem Gruppenraum die ersten Fuzzis, wie sie Kastanien und Tannenzapfen eine selbstgebaute Rutschbahn herunterkullern lassen, während mir der Duft von frischgebackenen Frühstückswaffeln und Tee die Nase umschmeichelt.

Eigentlich möchte ich gar nicht weg, verdammt noch mal, reiße mich aber dennoch am Riemen, verabschiede mich von meinem Kleinen, der einer tiefenentspannten Pädagogin in die Arme fällt und sofort beginnt, die auf dem Tischchen brennende handgezogene Bienenwachskerze genauer zu untersuchen, und den in der Tür stehenden Papa längst vergessen hat. Okay, dann halt ohne Küsschen heute, tschüss. Ich will auch Waffeln, kriege morgens aber lediglich E-Mails.

Im Anschluss gibt der Große sich ein Stockwerk tiefer mittlerweile quasi selbst ab. Durch einen Spalt in der Tür zu seinem Gruppenraum sehe ich, wie die Älteren den Neulingen die korrekte Bedienung von Holzkreiseln demonstrieren, derweil eine Kindergärtnerin im duftenden Milchreis rührt und die Älteste geschickt (und ja, stolz wie Oskar) schon mal den Tee in miniatureske Keramikbecherchen schüttet. Tschüss, ihr vom Glück gepuderten Kinder. Papa geht jetzt echt mal und macht auch ganz tolle Sachen, wetten? Und dann – fahre ich Auto, telefoniere, buche Bahntickets und vergesse, dass ich einen Termin bei der Sparkasse gehabt habe. Ein Königreich für einen Löffel warmen Milchreises!

Von den festen, gleichsam ritualisierten Abläufen im Waldorf-Kindergarten könnten wir uns daheim glatt eine Scheibe abschneiden. Denn Kinder scheinen diese grundsätzliche Verlässlichkeit der immer gleichen Tagesrhythmen und Essensabfolgen zu lieben, und ich vermute, dass es bei Erwachsenen entsprechend gut funktionieren würde.

Mein ältester Sohn hat während seines ersten Kindergartenjahres so ziemlich alles gemacht, was man sich nur vorstellen kann: singen, tanzen, basteln, malen, kochen, schnitzen, werkeln, töpfern und hauen. Nicht zu vergessen Tisch decken, aufräumen, schlafen und gehauen werden. Meinen Informationen zufolge hauen sich auch tatsächlich nur die Kinder gegenseitig, nicht die Erzieherinnen untereinander.

Seinen Namen hat mein Sohn übrigens noch nie getanzt. Aber das kann ja noch kommen – nicht dass uns am Ende überlebenswichtige Klischees abhandenkommen! Gut, ein, zwei Erzieherinnen scheinen einigermaßen tief von der Existenz von Engeln überzeugt zu sein, aber was soll's, meine Kinder sind das ja auch. Und Engel im Himmel sind mir, zumindest derzeit, lieber als Snickers zum Frühstück.

Schlussendlich habe ich den Eindruck, dass der Kindergarten in allererster Linie eine Einrichtung für Eltern darstellt. Musste man sich früher, als man noch tatsächlichen und zudem freundschaftlichen Kontakt zu nichtbekinderten Menschen hatte, Schritt für Schritt einander annähern, von Jahr zu Jahr einander vertrauter werden und nach und nach die Menschheit in beste Freunde, Freunde, Bekannte und restliches Humanmaterial einteilen, so reichen für Eltern im kindergartenfähigen Alter untereinander nunmehr ein kurzer Blickkontakt und einige wenige Worte für zutiefst intensiv verbundene Zwischenmenschlichkeit. Tja, akuter Keuchhusten verbindet eben manchmal schneller als ungezählte Rotweinabende. Haben sich beispielsweise drei Kindergartenpapis erst einmal ordentlich angefreundet, besteht die einzige Gefahr im Folgenden nur noch darin, dass die drei dazugehörigen Kinderchen sich urplötzlich nicht mehr verstehen und abgrundtief hassen. Ganz schön peinlich, wenn man sich dann zwischen Terminen und Meetings nur zu dritt und ganz ohne Kinder an der Wippe treffen muss. Aber warum eigentlich nicht? Solange irgendjemand Apfelschnitze mitbringt.

Viele Kindergärten, so hört man, seien hemmungslos unterfinanziert. Gleichzeitig labern politisch Verantwortliche stets leidenschaftlich von der Wichtigkeit der Bildung und wie dringlich man in dieselbe investieren müsse, in der Regel flankiert von komplett kostenlosen Floskeln wie der, dass Kinder unsere Zukunft seien. Ja, klasse, schon klar. Vor allem aber sind Kinder nicht unsere, sondern ihre eigene Zukunft. Vorschlag: Auf jede Börsen-Transaktion wird eine einprozentige Abgabe fällig, die zweckgebunden und eins zu eins Kindergärten in sogenannten schwierigen Stadtvierteln oder Regionen zukommt – nennen wir es eine internationale Schnupsi-Pupsi-Steuer, damit soziale Gerechtigkeit ausnahmsweise auch mal sprachlich Spaß macht. Ähnliche Unterstützung gebrauchen könnten sicherlich Wohnheime für alte Menschen. Ich sehe also auch durchaus noch Spielraum für eine Senioritas-Steuer.

Die Sollbruchstelle eines jeden Kindergartenbesuchs ist freilich das erste und fortan jedes morgendliche Abgeben. Es ist dies ein hochsensibler Vorgang, der bereits durch Kleinigkeiten wie eine fahrlässig falsch im Garderobenfach abgelegte Mütze fatal und irreparabel eskalieren kann. Wem es jedoch generell davor graut, seine kleinen Racker abgeben zu müssen, dem sei gesagt: So häufig ist man im Kindergarten am Ende eigentlich gar nicht. In der Regel macht nämlich irgendetwas Hochinfektiöses bis mittelschwer Ansteckendes die Runde, so dass die einander gegenseitig herzhaft anhustenden und herumröchelnden Rotznäschen sich ständig wechselseitig mit Bazillen und Viren eindecken. So ist der Kindergarten auch eine, wenn nicht gar die schönste Metapher für unser Dasein im Allgemeinen: Ja, andere Menschen machen krank. Aber die einzige Alternative heißt Einsamkeit. Dann lieber fiebrige Kopfläuse nebst Ohrenentzündung.

Darüber hinaus ist das im Kindergarten fortwährende Zirkulieren von Infekten, Magen-Darm-Geschichten und eitrigen Mandeln (an denen sich auch die Erwachsenen laben dürfen) wohl derzeit eine der letzten Möglichkeiten für ein mehrtägiges Ausbrechen aus unserer kapitalistischen Dauer- und Sebstausbeutung. Ich kenne eigentlich nur noch drei Sorten von Menschen: Die einen schuften wie die Blöden, weil sie einen Chef oder eine Chefin haben; die anderen rackern wie die Bekloppten, weil sie ihr eigener Chef oder ihre eigene Chefin sind; und die dritte Gruppe steht kurz vorm emotionalen Burnout, weil sie sich mit dem Arbeitsamt rumschlagen muss. Vielleicht sind rotzerfüllte und durchgeröchelte Zwangspausen ja ein letztes Stückchen kranke Freiheit im Berufstätigkeitsmarathon. Aber demnächst wird man wohl auch für heimisches Erbrechen Urlaubstage nehmen müssen. Ist doch echt zum Kotzen.

Auch ich musste neulich tatsächlich einen Auftritt absagen. Allerdings erst, nachdem ich bereits drei Tage lang mit 41 Grad Fieber durchgespielt hatte und mich ob dieser Schwachsinnsidee von einem HNO-Arzt zusammenscheißen lassen musste. Was einem im Bett liegend an einem einzigen freien Abend alles an grundsätzlichen und vieles in Frage stellenden Fragen durch den mit Paracetamol getränkten Schädel schwirrt – Wahnsinn! Kein Wunder, dass alle gesund sein wollen; so kommt man wenigstens nicht in Versuchung, tiefergehend nachzusinnen.

Wenn einem das erzwungene Ziehen des Steckers dagegen richtig gutgetan hat, weil man nun wieder Wichtiges von Unwichtigem zu trennen in der Lage ist, kann man ja einfach ein-, zweimal zur Haupt-abgabezeit im örtlichen Kindergarten vorbeischauen und sich das ein oder andere Bakterchen to go mit-nehmen, um die heilsame Pause noch ein klein wenig zu verlängern. Das Kind muss freilich zeitgleich kerngesund sein, sonst haben Sie es schniefend, wür-gend und fiebernd neben sich liegen – und dann geht in Sachen existentielle Philosophie nicht mehr viel. Vielleicht wissen Sie, dass im handelsüblichen Wal-dorf-Kindergarten überall in hölzernen Regalen fein säuberlich sortiert Kiefernzapfen, zu Schnecken auf-gerollte Stoffbänder, Kastanien, transparente Seiden-tücher und sonstiger naturnaher Unrat lagern, mit dem sich Kinder stundenlang ausgiebigst beschäfti-gen können. Dieser Umstand veranlasste bei einer Infoveranstaltung eine Mutter zu der Frage, womit (oh, mein Gott) die Kinder denn hier bitte spielen könnten, es gäbe ja gar keine Spielsachen.

Kindergartenkinder, meine liebe Dame, sind weit-aus schlauer und innovativer als wir mental ver-staubten Riesen. Die spielen mit allem, und zwar alles, und das ganz ohne Bedienungsanleitung. Ich kenne einige auf unserer Fensterbank liegende Stü-cke bemooster Baumrinde persönlich, und die waren schon so ziemlich alles: Raumschiffe, ein Indianer-zelt, eine Zwergenrutsche und sogar einmal bemoos-te Baumrinde. Nimmt man sich an dieser Fähigkeit ein Beispiel, so weitet sich die Welt ins schier Un-endliche, weil man wieder erkennt, dass die vielen,

vielen Dinge um uns herum nicht nur etwas sind, sondern immer darüber hinaus auch noch vieles andere sein könnten. Kind sein heißt, selbst etwas daraus zu machen. Respekt.

15.

»Können in einem Orchester auch Frauen spielen?«
Kinder und Geschlechtlichkeit

Wird es ein Junge oder ein Mädchen? So lautet die Frage aller Fragen im Bereich Kommunikation mit Mittel- bis Hochschwangeren. Ob das Baby gesund zu sein scheint, ist erst einmal zweitrangig und kann bei Bedarf im Anschluss erfragt werden. Also: Mädchen oder Junge?

Einige Jahre nach der Geburt wird die Frage dann erstaunlicherweise und zum Glück deutlich seltener gestellt, es scheint nun also allen alles klar zu sein. Wie schön. Seit sich mittlerweile drei (zudem männliche) Jungs nicht in meinem Besitz, aber doch in meiner Obhut befinden, wird dieser Umstand ganz gern mit »Ach, dann hast du ja bald 'ne Fußballmannschaft zusammen« kommentiert. Bald? Bei allem Respekt, aber was ist bitte los? Selbst wenn man die im Fußball eigentlich notwendigen Ersatzspieler nicht mitzählte, so empfände ich bereits acht weitere Kinder als durchaus gar nicht kleinen Schritt.

Meine Frau im Übrigen auch. Und vor allem: Mit drei Mädchen wäre ich doch genauso auf einem guten Weg zu einer Fußballmannschaft. Sogar auf einem besseren. Die würden dann nämlich deutlich häufiger Weltmeister beziehungsweise Weltmeisterinnen.

»Drei Jungs? Mensch, dann ist bei euch daheim ja so einiges los!« Ja, na klar ist bei uns einiges los, glücklicherweise. Nicht auszudenken, wenn es drei Mädchen geworden wären, nicht wahr? Man kennt die ja, diese wortkarg vor sich hin vegetierenden, kaum wahrnehmbaren Mädchen zwischen zwei und fünf Jahren, wie sie still und leise ihre gleichsam schweigenden Puppen bürstend in der Zimmerecke hocken, nahezu bewegungslos nachsinnend ihren introvertierten Geschäften nachgehen und niemals auch nur auf die Idee kämen, ausdauernd herumhüpfend und vor unbändiger Energie strotzend Fiep- und Piepsgeräusche im Murmeltiergeschrei-Frequenzbereich von sich zu geben. Was für ein akustischer Segen. Ich aber habe Jungs.

Der geschlechtsspezifische Unterteilungswahn geht bereits vor der Geburt los. Fast schon unmöglich, heutzutage Babybekleidung in halbwegs neutralen Farben wie Beige, Creme, Schmutz und Dunkelweiß zu bekommen, da alles entweder megarosa und knallepink glitzert oder in fünfunddreißig verschiedenen Nuancen zwischen Hell- und Dunkelblau herumliegt. Das ist natürlich clever, denn so kaufen sich klischeeversessene Eltern, die nach ihrem kleinen Hugo plötzlich noch eine Henriette zur Welt beziehungsweise in die Klamottenabteilung gebracht haben, die komplette Ausstattung noch mal neu, diesmal in krass leuchtendem Rosa, versteht sich. Sonst würde man Henriette ja automatisch für Hugo halten, nicht auszudenken! Getoppt wird dieser von der Babybekleidungsindustrie geförderte Wahnsinn nur noch von »Baby an Bord«-Aufklebern in Pampers-Blau oder Prinzessin-Lillifee-Rosa, die wohl endgültig verhindern sollen, dass die kleinen Insassen am Ende noch ganz eigene Farbpräferenzen entwickeln.

Mein ältester Sohn liebt übrigens alles, was rosarot bis mittelpink strahlt, was ich persönlich großartig finde, aber manchmal zu peinlich berührt mitleidig dreinschauenden Mitmenschen führt, als dächten sie: »Oh nein, der Arme, hält sich doch glatt für ein Mädchen.« Nein, tut er nicht, er findet lediglich die Farbe Rosa super. Gleichzeitig interessiert er sich null für Fußball, selbst wenn der Ball hyperpink daherkäme (nicht dass ich das ausprobiert hätte).

Fraglos gibt es ein paar nicht wegzudiskutierende biologische Differenzen wie zum Beispiel »Pipimann/kein Pipimann«, um an dieser Stelle einmal fachsprachlich zu werden. Abgesehen davon gewinne ich jedoch den Eindruck, dass die vielbeschworenen Unterschiede zwischen Mädchen und Jungs primär in den Köpfen von Erwachsenen zu finden sind, als dass sie am tatsächlichen Verhalten der Kinder ablesbar wären. In Wahrheit ist die Welt – also der Spielplatz – voll von wild raufenden Mädels und versonnen Sandburgen dekorierenden Buben. Und andersherum genauso (falls Sie das beruhigend finden).

Mir ist bewusst, dass ich auch gendertechnisch in einer spezifischen gesellschaftlichen Ecke lebe: einer metropoliten Nische, in der sich hipsterbärtige Männer in Tücher eingewickelte Säuglinge vor die Brust binden, die Winzlinge auf diese Weise in trendige Cafés auf einen Soja-Cappuccino tragen und ansonsten in Arbeitsteilung mit ihren Partnerinnen Haushalt, eine Upcycling-Werkstatt sowie ein Studio für Webdesign schmeißen. Auf Tournee durch die herrliche deutschsprachige Provinz bemerke ich dann immer wieder erstaunt, dass die sogenannte Normalität bisweilen ganz anders ausschaut. Da sind reichhaltig bekinderte Mütter tagsüber auf den Spielplätzen strikt unter sich, und Väter haben noch echte Hobbys wie freiwillige Feuerwehr oder Schützenverein, sprich saufen oder saufen. Die Frage, wie weit konservative deutsche Spießigkeit eigentlich entfernt ist von Burka und islamistischem Patriarchat, kann einem da durchaus in den Sinn kommen.

Selbst unsere eigenen Kinderbücher mit lustigen Wimmelbildern oder Hasengeschichten zeichnen häufig noch ein geschlechtsspezifisches Schema, mit dem zumindest meine Lebenswirklichkeit nur noch bedingt zu tun hat. Da kochen und backen die Muttis, bringen die Kinder in die Kita, schieben Kinderwagen, kaufen ein und machen Frühjahrsputz, während die Herren der Schöpfung mit Handy am Ohr zur Arbeit eilen, am Auto herumschrauben und den großen Omnibus lenken. Mama Hase steht mit Schürze in der Küche, wenn Papa Hase mit der dicken Aktentasche zur Tür hereinwatschelt. Klar, so kennt man sie ja, die kleinen Rammler.

Dabei dürfte eigentlich längst klar sein, welch enormes Gestaltungs- und Mitbestimmungspotential man als männliches Elternteilchen ausschlägt, wenn man sämtliche Entscheidungen hinsichtlich Erziehung, Ernährung, Ausbildung und sozialer Kontakte allein den Müttern überlässt, wie es einst wohl unsere Opas und Väter taten. Insofern ist die Befreiung der Frau aus verpflichtenden Rollenschemata tatsächlich immer auch eine Befreiung des Mannes. Okay, saufen mit den Jungs von der freiwilligen Feuerwehr ist natürlich trotzdem wichtig.

Mir scheint, dass kleine Kinder ihr Umfeld von sich aus zunächst kaum nach geschlechtsspezifischen Kategorien sortieren. Spätestens wenn du das erste Mal von Luisa volle Kanne in den Rücken geboxt und von David getröstet wurdest, kommt dir das abwegig vor – schließlich boxt der David ja auch ganz prächtig.

Als mich mein Sohn, im Auto sitzend und Klassik Radio hörend, allen Ernstes fragte, ob in einem Orchester auch Frauen spielen könnten, machte ich mir gleich Sorgen, dass die bescheuerten Hasenstorys und latent Epilepsie auslösenden Wimmelbücher ihn gendertechnisch schon komplett versaut hatten. Als aber plötzlich hohe Streicherpassagen samt Flötenmelodien im Radio einsetzten, stellte mein Sohnemann selbst und ein wenig beruhigt fest: »Ah, da sind sie ja!« Nun, dass fiepige Piccoloflöten heutzutage auch von hünenhaften, übergewichtigen, stark behaarten Männern traktiert werden dürfen, erkläre ich ihm ein anderes Mal. Und ich denke, Alt-Arien trällernde Countertenöre würden ihn derzeit noch völlig aus der Bahn werfen.

Da kleine Kinder sich, wie gesagt, zunächst einmal einen Dreck um die Distinktion männlich/weiblich scheren und ihr soziales Umfeld zumeist sinnvollerweise in »Gibt mir Geschenke« und »Gibt mir keine Geschenke« oder im Kindergarten in »Haut mich«/»Haut mich nicht« unterteilen, kann man sich von derlei offenen Begegnungen mit Menschen eigentlich locker eine Scheibe abschneiden. Was nicht bedeutet, per Gesetz eine fünfzigprozentige Frauenquote bei der freiwilligen Feuerwehr oder im Schützenverein durchzusetzen oder den Herrn Bauamtsleiter mit Polizeigewalt in den Teilzeitmodus zu verfrachten. Freuen wir uns doch, dass wir einfach sein dürfen, und zwar so und so und anders so auch. Genau wie unsere Kinder. Oberstes Erziehungsziel kann ja auch nicht sein, sich schrittweise einen typischen Jungen oder ein klassisches Mädchen zu basteln. Es reicht, wenn es am Ende eines wird: kein Arschloch. Egal ob nun mit oder ohne Pipimann.

Ehrlicherweise muss ich zugeben, dass es mit der eigenen angeblichen Emanzipation und Aufklärung gar nicht so weit her ist, was ich einst am Düsseldorfer Flughafen merken durfte. Wir, also meine Frau, unser kleines Baby und ich, hatten nicht nur zwei Koffer, einen Kinderwagen, eine Wickeltasche, einen Rucksack und besagtes Kleinkind, sondern auch meinen erst wenige Tage alten Hexenschuss dabei. Ich konnte und durfte so weit eigentlich alles, außer heben, tragen und schwer ziehen. Es gehört wohl zu den düstersten Kapiteln meines Lebens, wie ich – und das als Mann! – sowohl auf dem Parkplatz als auch bei der Gepäckabgabe hilflos bis mittelprächtig dämlich danebenstehend mit ansehen musste, wie meine Frau mit vor dem Bauch festgeschnalltem Baby sämtliches Gepäck von A nach B und wieder zurückhievte. Ich fühlte verächtliche Blicke, imaginierte fassungsloses Kopf-

»Die nach wie vor nicht unübliche gesellschaftliche Praxis, Menschen anhand ihrer geschlechtlichen Identität in klar abgegrenzte Schubladen zu stecken, reduziert fraglos den intellektuellen Aufwand, den es bedarf, um sich kommunikativ und mental mit einzelnen Individuen auseinanderzusetzen, wobei hier Klischeeverfestigungen und der Abbau denkerischer Eigenleistung einander interdependent begünstigen.« Frauke Mannsfeld: *Mädchenblase als Männerdomäne. Ein Mannifest.* Frauenaurach 2015, S. 4575

165

schütteln hinter meinem Rücken und kam mir vor wie der hinterletzte Gepäck-Pascha, der die Mutter seiner Kinder, ohne auch nur mit der Wimper zu zucken, für sich schuften ließ und so den Hass des gesamten Airports, die Verachtung aller Gentlemans und Ladys auf sich zog. Ein Schild hätte ich mir gewünscht, auf dem steht: »Gehen Sie weiter, es gibt hier nichts zu sehen« oder »Achtung, Achtung! Bitte berücksichtigen Sie, dass dieser nette Mann ein akutes Verhebetrauma hat und nichts hochheben darf.«

Merke: Invalidität und Behinderungen machen nur Spaß, wenn sie deutlich als solche zu erkennen sind. Sobald ich wieder richtig gesund und einsatzfähig bin, werde ich zum Düsseldorfer Flughafen fahren – nein, joggen – und einen schweren Reisekoffer dreimal zwischen Terminal A und B hin- und hertragen, um meine verlorengegangene Männlichkeit mittels dieses postmodernen Stammesrituals wiederzuerlangen.

Meine Frau, by the way, kommt mit zu hebenden Koffern und auf Laufbänder zu verfrachtenden Kinderwagen prächtig zurecht, wie im Übrigen alle mir bekannten Frauen. Nur ist diese Information in unseren Primatenhirnen wohl noch nicht so recht angekommen. Wenn sie mir demnächst in ihrer unendlichen Freundlichkeit noch eine Tür aufhält, werde ich lautstark brüllen: »Nein! Alleine! Ich kann das alleine!!!«

16.

Alleine!
Beziehungsweise: »Kannst du mir helfen, das selber zu machen?«

Vieles dreht sich in einem Leben mit Kind beziehungsweise Kindern um genau dieses Anliegen, nämlich tatsächlich etwas alleine zu machen. Auf der einen Seite sind die Augenblicke, in denen ein kleines Menschlein zum allerersten Mal alleine den Löffel zum Mund oder sonst wohin führt oder sich ganz alleine am Stuhlbein oder der schlecht befestigten Gardine hochzieht gewissermaßen die Party-Moments of Elterndasein. Die unbändige Freude in den Augen der Kinder überträgt sich schlicht und ergreifend blitzschnell auf das erwachsene Personal – zumindest für einen Wimpernschlag der Geschichte, bevor die Vorhänge kollabieren und die Tapete einen beachtlichen Klecks Spinat abbekommt.

Für Kinder scheint es in den ersten Lebensjahren weniger entscheidend zu sein, was genau sie gerade machen, als dass sie es eben alleine bewerkstelligen. So werden drei Treppenstufen, zwei Pantoffeln oder das Zerkratzen einer DVD zu ähnlich akribisch verfolgten Lebenszielen wie für Erwachsene Mount-Everest-Besteigungen, Antrittsvorlesungen oder Führerscheinprüfungen. Versteht man die Relationen erst einmal richtig, lässt sich nachvollziehen, warum die Kleinen vor Begeisterung regelmäßig schier platzen. Verständlich, bei einer Treppenstufenhöhe, die in etwa der eigenen Körperlänge entspricht. Für so etwas bräuchte ich wahrscheinlich bereits ein Sauerstoffgerät und Sicherheitsseile.

Manchmal entdecke ich dieses kleinkindliche Bestehen aufs unbedingte Alleinemachen noch an mir selbst. Denn irgendwie scheint sich diese eigentlich unsinnige Leitidee, dass etwas besser sei, wenn man es ganz alleine geschafft hat, über die Jahre hinweg erhalten zu haben. Regisseur? Brauch ich nicht, mach ich alleine! Nach dem Weg fragen? Finde ich alleine hin! Zum Arzt gehen? Ich werd schon von alleine gesund.

Vielleicht gibt es ja dieses vielzitierte Kind im Manne beziehungsweise in der Frau. Wenn ja, dann gehe ich schwer davon aus, dass es vehement abwinkend und insistierend plärrt: »Nein, nein, ich alleine!« Mein soziales Umfeld denkt sich wahrscheinlich meistens genau dasselbe, weshalb ich mir angesichts der Eigenständigkeitsbestrebungen meiner drei Jungs mittlerweile häufig sage: »Ja, toll. Dann mach halt! Mach's halt alleine, du Heijopei.«

Gleichzeitig – und hier zeigt sich das Zusammenleben mit kleinen Kindern mal wieder als gespickt mit zahlreichen Widersprüchen – ist etwas alleine zu machen auf keinen Fall zu verwechseln mit alleine gelassen zu werden. Dann ist aber was los! Geht man mal kurz in den Nebenraum, holt mal eben schnell die Wäsche aus dem Keller oder eilt flott ins Wohnzimmer zum klingelnden Telefon, so hat man nur wenige Sekunden später in der jeweils gerade verlassenen Räumlichkeit lautstark geäußerte Verzweiflung, hysterische Angstzustände und generell ein beachtliches akustisches Drama, bei dem sämtliche Nachbarn wohl denken, Familie Zingsheim habe sich nebenher einen Schlachtbetrieb oder ein Foltergefängnis zugelegt. Entsprechend schnell endet das angebliche Alleinsein wenige Augenblicke später durch angewetzt kommende Eltern. Die nasse Wäsche kann so ein Stockwerk tiefer in aller Ruhe Stockflecken ansetzen, und die Anzahl der Anrufbeantwortenachrichten steigt auf zweihundertachtundzwanzig. Hauptsache, nicht alleine sein beim Alles-alleine-Machen.

Das Glück, etwas alleine machen zu können, gibt es selbstredend nicht nur für kleine Kinder, sondern, von nicht weniger Begeisterung flankiert, ebenso für kleine Erwachsene. Hat man erst mal Kinder, so hat man sie bekanntlich ziemlich ständig, sprich: Man erlebt zwar tausend dolle Sachen, jedoch fast nichts davon mehr allein. Die Kinder sind echt überall: aufm Sofa, im Auto, am Tisch, unter der Dusche und an der Steckdose. Der Alltag mit drei kleinen Mitbewohnern gleicht gewissermaßen Stalking in den eigenen vier Wänden. Das Resultat ist Verfolgungswahn in nett. Du gibst zwei Kinder an der Haustür ab und in die Hände ihrer Mutter, drehst dich um – und zack, da steht schon wieder eines. So wird etwas alleine machen zu dürfen für Mamas und Papas zum weltgrößten Luxusgut, meilenweit vor Bargeld, Schmuck und hässlichen Designermöbeln.

Hat man tatsächlich die seltene Gelegenheit, alleine ins Café zu gehen, eine Zeitung in Ruhe durchzublättern oder erschöpft auf einer regennassen Parkbank alleine vor sich hin zu vegetieren, so kommt dies einer inneren Megafestivität gleich, der kein Geburtstag, Weihnachten, Silvester oder Lottogewinn das Wasser reichen kann. Peinlich natürlich, wenn man deshalb beim *Süddeutsche* Lesen im Café wild mit Luftschlangen um sich wirft und wildfremden Menschen zuprostet.

Gleichzeitig spürt man immer wieder, dass man in Wahrheit gar nicht allein ist, vielleicht nie wieder allein sein wird können. Denn auch nichtanwesende Kinder sind ja unvermeidlich immer da. Weite Teile des parentalen Hirns scheinen von kinderthematischen Erinnerungen, Sorgen, Anekdoten und Gedanken okkupiert zu sein. Da kann man sie auch gleich mitnehmen ins Café, wenn man sich als Mutter oder Vater, vermeintlich allein rumsitzend, dabei letztendlich doch mehrfach amputiert vorkommt. Klar, die *Süddeutsche* kriegt man so natürlich nicht mehr gelesen. Dafür hat man aber eine astreine Ausrede, wenn man vom allgemeinen Weltgeschehen mal wieder null Komma nix mitbekommen hat.

Als Kabarettist mit Kindern muss man daher höllisch aufpassen, dass man nicht aus Versehen Zoten über politische Parteien reißt, die es gar nicht mehr gibt. Deshalb habe ich auch nie die sogenannte Ein-Kind-Politik in China verstanden. Ich dachte immer, wenn du Menschen möglichst unaufwendig beherrschen willst, wenn die keine Zeit haben sollen, sich für irgendetwas Kritisches zu interessieren, wenn die keine Gelegenheit zum Zeitunglesen, Demonstrieren und Hinterfragen haben sollen – dann lass sie im Schnitt fünf oder sechs Kinder kriegen, inklusive Wurfprämie und meinetwegen Mutterkreuz. Ich bin ja schon nach dem Eintreffen des ersten Nachwuchs weitgehend aus der internationalen Nachrichtenlage geschlittert.

Obwohl man ja grundsätzlich fragen muss, wie man sich denn eigentlich in unserem Land informiert? Woher erhält man denn die Informationen, die zu kritischem Hinterfragen führen sollen? Häu-

»Ernstgenommene Elternzeit und der Anspruch gesellschaftspolitischer Informiertheit sind grundsätzlich als zwei sich ausschließende Zustände zu beschreiben.« Uhrsula Hurtigmann: *Die politische Abwesenheit junger Eltern im Zeitalter des Spätkapitalismus,* Flotthausen 2011, S. 4

fig doch aus der »Tagesschau« oder dem »heute-journal«. Dahinter jedoch stehen staatliche Institutionen. Wir erhalten unsere kritischen Informationen über unseren Staat also vom ... ähh ... Staat. Das ist sehr beruhigend.

Aber gut, meine huldvollen Ankündigungstexte schreibe ich ja auch selbst. Marketingtechnisch ergibt das schon Sinn. Wahrscheinlich sagen sich am Ende selbst die öffentlich-rechtlichen Anstalten, sprich: am Ende der Staat: Kritische Überprüfung des Staates? Das mache ich alleine. Ganz, ganz alleine!

Vielleicht sind junge Eltern genau deshalb so empfänglich für Ratgeberliteratur und tippen sich die halbe Nacht in irgendwelchen hanebüchenen Online-Foren die ängstlichen Finger wund? Einfach, weil man postnatal als Mama oder Papa oft den seltsamen Eindruck gewinnt, es entgleite einem ein Großteil der restlichen Welt, man verliere Brei für Brei ein Stück weit den Bezug zu und das Verständnis für außerhäusliche Realitäten wie Weltpolitik, popkulturelle Trends und wirtschaftspolitische Folgen der Globalisierung? Klar, dann kann einem fraglos leicht eingeredet werden, man könne tatsächlich *gar* nichts mehr alleine.

Aber seien wir ehrlich. »Alleine« – das ist doch in Wahrheit ohnehin die mit Abstand größte Fiktion der Menschheitsgeschichte. Wann, wie und wo hat denn bitte jemals jemand irgendetwas wirklich ganz alleine auf die Kette gekriegt? Hat Cäsar himself auch nur eine einzige Schlacht gewonnen? Ist Descartes vollkommen alleine auf die Sache mit dem skeptischen Zweifel gekommen? Hätten die Deutschen sich jemals alleine vom Nationalsozialismus befreit? Wohl alles kaum. Vielleicht versuchen wir in Zukunft einfach einmal, die Floskel »Hab ich ganz alleine gemacht« ausnahmslos zu ersetzen durch »Guck mal, das haben wir alles ganz gemeinsam hingekriegt!«.

17.

»... sonst fahren wir nach Hause!«
Habemus feriam

Urlaub ist und bleibt Geschmackssache. Die einen gehen wellenreiten vor Lanzarote, die anderen S-Bahn-Surfen auf LSD. Woran ich merke, dass ich gerade im Urlaub bin? Das Handy muss alle fünf Tage und nicht wie sonst stündlich aufgeladen werden. Und ich vermisse nichts, rein gar nichts. Außer Steckdosen am Strand vielleicht. Man stelle sich vor, daheim würde die Bude komplett ausbrennen und man würde erst morgen davon erfahren, weil der Akku leer war.

Dabei ist ja die Frage, was zu Hause eigentlich noch Feuer fangen soll. Vieles im Leben ändert sich durch Kinder, auch im Urlaub beziehungsweise schon davor. Stichwort Packverhalten: Ich weiß nicht, wie es bei Ihnen ist oder war oder mal sein wird, aber wenn wir mit unseren Kindern verreisen, wäre es vollkommen egal, ja geradezu zwecklos, wenn jemand zeitgleich bei uns zu Hause in Köln einbrechen würde. Denn es ist nichts mehr da. Es ist alles weg – alles eingepackt! Letztens waren wir kurz davor, die Tapete per Hand abzupiddeln, um sie in Südtirol in der Ferienwohnung wieder dranzupappen, damit für die Kinder die Eingewöhnung leichter ist. Urlaubende Kinder sind meines Erachtens der Untergang marodierender Einbrecherbanden.

Obwohl: Einpacken tun ja die bekloppten Eltern. Auch das übliche Listenschreiben und Einzupackende-Gegenstände-darauf-Abhaken könnte man sich eigentlich komplett sparen. Man schreibe einfach all das auf, was daheim verbleiben darf (Schreibtisch, alte Grundschulhefte, Garage), der Rest muss mit, restlos. Und zwar ins Handgepäck, versteht sich.

Kleinkinder reisen heutzutage nicht nur mit beachtlicher Entourage (Mama, Papa, Geschwister, Oma, Opa, Teddybär) durch die halbe Welt, sondern auch ähnlich schwer bepackt wie die Könige und Fürsten längst vergangener Zeiten. Man vergesse nur ja nicht Prinz Pupsis Einschlafhäschen! Mit mehreren Tonnen Hausrat bewaffnet, stehen Klein- und Großfamilien dann gerne schon mal mit leeren Blicken am falschen Flughafenterminal

»Die schier unauflösliche Verflechtung des spätkapitalistischen Menschen mit den Dingen, die zu besitzen er als existentiell erachtet, hindert ihn in Wahrheit an einer tatsächlich freien Existenz.« Wamal Mains: *Ökonomische Transformationsprozesse stark vereinfacht.* Schwäbisch-Hall 2001, S. 48

oder im Stau auf der A5 Richtung Holland, wo die A5 bekanntlich gar nicht hinführt. Da man eh alles dabeihat, hätte man eigentlich gleich daheimbleiben können, wäre nur das Wetter dort nicht so mies. Dafür fühlt man sich eigentlich sofort und nahezu überall wie zu Hause. Denn man hat es ja sprichwörtlich dabei, das Haus.

Urlaub heißt gemeinhin: Zeit haben, sich eine Auszeit nehmen, die viele freie Zeit genießen. Für Eltern von Kindern fällt genau dieser Punkt in den Ferien völlig flach. Denn normalerweise entstehen die Auszeiten für die dauergestressten Teilzeitpädagogen ja gerade durch die mehrstündigen Abwesenheiten der Kleinen. Mein Vater jedenfalls freute sich nach vier Wochen Sommerurlaub immer riesig. Und zwar auf sein Büro. Dort konnte er sich ganz ohne Strand, Meer und Alpen so richtig schön erholen. Vom Urlaub mit mir.

Urlauben ist die Königsdisziplin im parentalen Spitzensport. Bei vier oder sechs (bitte nicht vierzehn!) Stunden Kita- oder Kindergartenaufenthalt kommt man als Elternschaft ja sogar zu längst vergessenen Dingen wie Körperpflege und Zeitunglesen. Zur Not muss man beides gleichzeitig erledigen, dann aber sollte man die *taz* vor dem Duschgang wirklich gut laminieren. Im Urlaub dagegen haben Kinder gewissermaßen all-inclusive gebucht und sind als 24-Stunden-Gäste zu bezeichnen.

Ich liebe Urlaub. Und ich liebe meine Kinder.

Allerdings muss man sich zwischen diesen beiden entscheiden.

»Ah, toll, ihr fahrt in Urlaub?«

»Nein, nein, die Kinder kommen mit!«

Selbstverständlich kann man auch als Vater dreier kleiner Kinder im Urlaub mal ganz entspannt stundenlang am Strand liegen und genüsslich vor sich hin dösen. Man muss es halt innerhalb von fünf Minuten schaffen, das ist alles.

In der Regel gelingt es mir, im berufsdominierten und termingeschwängerten Alltag eine grundsätzliche Ruhe und halbwegs stabile Gelassenheit an den Tag zu legen. Frühstück machen, Kinder zu Schuhen überreden, Fahrten in den Kindergarten, wichtige Verabredungen auf dem Spielplatz, Bücher vorlesen (also angucken), winzige Zähne putzen und Gute-Nacht-Lied singen finden tatsächlich statt, und zwar in fliegendem Wechsel und friedlicher Koexistenz mit Telefonieren, E-Mails schreiben, Fernsehtexte einreichen, Tourneekoffer packen, Bahntickets buchen und Klavier klimpern. Eigentlich habe ich zwei Teilzeitjobs: Comedy und Erziehung. Nur hat Letzteres eben mit Humor zu tun. Wenn der Tag ohnehin schon mit tausendunddrei Dingen vollgemüllt ist, fällt es mir geradezu leicht, in diesen selbstverschuldeten Wahnsinn noch drei kleine Lebewesen zu integrieren, die zum Glück noch keine Einträge in unseren Google-Kalender eingeben können. Noch nicht.

Jetzt kommt das Absurde. Denn sind endlich

Ferien, also Urlaubszeit, bricht das gesamte sorgsam kultivierte Netz aus Hektik, Eile und eingebildeter Wichtigkeit plötzlich weg. Der Kalender: eine besorgniserregende, ungewohnt weiße Brachfläche. Hat man sich erst einmal aus dem Korsett erwachsener Geschäftigkeit befreit, fällt einem sofort auf, wofür selbst bescheuert enge Korsetts da sind: Sie geben Halt und Struktur. Was nicht zwangsläufig positiv sein muss, denn rechtsradikale Vereinigungen geben ihren Mitgliedern ja auch ordentlich Halt.

Vier Wochen freie Zeit mit kleinen Kindern scheint einen Widerspruch in sich darzustellen. Aber tatsächlich ist das auf einmal einzige Kriterium für das Gelingen eines Tages die innerfamiliäre Stimmung, der existentielle Unterschied zwischen allseits guter Laune und ausgiebigem Gehen auf die Nerven. Dadurch bekommt die akute Verfassung kindlicher wie elterlicher Gemüter eine solche Bedeutungssteigerung, dass ich zuletzt zwei Wochen Sommerferien brauchte, um zu lernen, nicht den halben (in Wahrheit ganzen) Tag an die Decke zu gehen oder mich auf die Palme bringen zu lassen. Weichgekocht in einer Sauce aus Terminen, Abgabefristen und Songideen prallen kleinkindliche Eskalations- und Torpedierungsversuche auch mal lässig an mir ab. In den Ferien ist das mitnichten der Fall, da prallt wirklich etwas aufeinander. Nun gut, die Kinder lernen sprechen und laufen. Ich lerne Urlaub.

Wir schauen auf Reisen mit Vorliebe Burgen, Kirchen, Klöster und sonstige alte Steine an, sehr zur Freude unserer Kinder, die auf derlei architektonische Impressionen deutlich interessierter reagieren als die meisten mir bekannten Erwachsenen. Nur muss einem klar sein, dass die Miniaturtouristen mitunter sehr, sehr anders auf historische Bauten reagieren als man selbst, was einem wiederum durchaus die Augen für das ein oder andere leicht zu übersehende Detail öffnen kann.

Vater, in der Kathedrale von Palma auf eine Figur deutend und leise flüsternd: »Schau mal, mein Schatz, was für ein wunderschöner Engel mit riesigen Flügeln.«

Kind, in derselben Kirche, deutlich lauter sprechend: »Ja, und mit nackte Füüüüße!«

Stimmt, war mir noch gar nicht aufgefallen – voll die unbeschuhten Käsemauken hat der Typ! Vielleicht sollte ich den jungen Sohnemann als deutschsprachigen Audioguide anbieten. Er könnte eine Spezialführung einsprechen zum Thema Heizkörper, Lautsprecher und beleuchtete Notausgangsschilder in den romanischen Kirchen Südwesteuropas.

Bei Kindern stehen – und das ist zutiefst sympathisch – die meisten Gegenstände des Lebens gleichwertig nebeneinander, unangesehen ihres materiellen Wertes, ihres Alters, ihrer sakralen oder profanen Bedeutung. Folgende Worte meines zweieinhalb Jahre alten Buben beim Besuch einer Kapelle, die er an einer Evangelistenstatue vorbeiwatschelnd formulierte, sind überliefert: »Oh, eine Mann. Mit eine Buch. Und eine Feder, für zun Schreiben. Oh, und eine Steckdose. Mit eine Kabel. Isse gefährlich.« Und natürlich hatte auch dieser Kerl »nackte Füüüüße!«.

Kinder sind übrigens die einzigen Lebewesen, die in Kirchenräumen bisweilen tatsächlich vernünftige Fragen stellen. Sohn, viereinhalb Jahre alt: »Warum hängt dieser Jesus da so komisch an den Nägeln?«

Ja, warum eigentlich? Frag ich mich durchaus auch. Weil er den Menschen ganz viel Freude und Hoffnung machen soll. Klasse Konzept.

Ganz grundsätzlich ist Kindern ein äußerst spezifischer Blick auf die touristischen Aspekte verschiedenster Destinationen eigen:

»Was war denn das Schönste in Barcelona?«

»Der Spielplatz!«

»Und in Helsinki?«

»Spielplatz!«

»Und im Petersdom?«

»Der Feuerlöscher!«

Im Urlaub wird familiär Erlebtes noch viel öfter als zu Hause fotografisch festgehalten. Ohnehin schnellt die Anzahl der dokumentatorischen Bildchen, Schnappschüsse und Selfies mit der ersten Schwangerschaft sowie insbesondere mit der ersten Geburt in schwindelerregende Höhen. Beruhigenderweise sinkt sie im Verlauf von zweiten und dritten Stillzeiten ebenso schnell wieder ins Bodenlose. Ohne zu übertreiben, besitzen wir rund dreitausend

Fotografien aus der Zeit des ersten wachsenden Kugelbauches, dessen Entwicklung mehrmals am Tag für die Nachwelt festgehalten werden musste. Von unserem ersten Baby besitzen wir entsprechend noch einmal die zehnfache Menge an postnatal angefertigten Bildmedien und könnten daher noch heute minutengenau eruieren, wann genau der Zwerg sein siebzehntes Haar auf dem Kopf hervorgebracht hat. Bei Nummer drei reichte es sechseinhalb Minuten vor der rasanten Geburt gerade noch so für einen einzigen verwackelten Babybauch-Handyschnappschuss im Fahrstuhl des Krankenhauses. Vielleicht haben wir ja sogar ein weiteres, viertes Kind, haben es in Ermangelung entsprechenden Bildmaterials jedoch bislang überhaupt noch nicht bemerkt; möglich wär's.

Im Urlaub allerdings wird nun wieder nach Herzenslust geschossen, gezoomt und geknipst. Mein Biograph wird sicherlich aufgrund der familiären Fotokiste dereinst die These aufstellen müssen, wir hätten praktisch nie gearbeitet und unser komplettes Leben am Strand oder in den Altstädten europäischer Metropolen verbracht.

Klar wollen die kleinen Knirpse unbedingt selbst fotografieren. Und trotz der elterlichen Sorge um die nagelneue digitale Spiegelreflex sollte man das klickende Gerät ruhig mal aus der Hand geben und den vor Aufregung komplett verschwitzten Patschehändchen anvertrauen, die natürlich sogleich die Linse dermaßen verschmieren, dass Fotos vom mallorquinischen Frühling aussehen wie Schottland im dichten Nebel.

Egal, denn das eigentlich Faszinierende – lässt man die Kleinen mal eine Weile die Wichtigkeiten ihrer Welt, also Türklinke, Klo und Eltern abfotografieren – ist das erhellende Ergebnis ihrer fotografischen Studien. Auf einmal trifft es einen angesichts der herrlich schiefen Bilder wie ein Schlag – dass nämlich die ganze Welt von da unten tatsächlich völlig anders aussieht. Erwachsene Personen sind sich nach oben hin verjüngende, schier endlose Türme. Esstische haben ähnlich riesige Ausmaße wie ganze Zimmerdecken, und der Duschkopf befindet sich in luftigen, geradezu unerreichbar scheinenden Höhen. Da würde ich aber auch ständig auf den Arm genommen werden wollen, wenn ich selbst mauseklein als ein solcher Bodenbewohner leben müsste.

Grundsätzlich muss man festhalten, dass es einen Unterschied gibt zwischen Urlaub und Reisen. Urlaub meint gemeinhin Entspannung vom alltäglichen Alltag, also von dem, was wir so Leben nennen. Reisen dagegen bedeutet das lustvolle Einlassen auf ganz und gar neuartige Eindrücke und Sichtweisen. Urlaub im Sinne von Erholung ist mit kleinen Kindern nicht möglich; in gewisser Weise geht man mit jenen kleinen Rackern von Geburt an jedoch auf eine dauerhafte Reise. Mit ungewissem Ausgang – Kinder zu haben ist, wie in der eigenen Heimatstadt im Hotel zu übernachten: Man erhält die Chance, alles bereits tausendmal Gesehene mit neuen Augen zu betrachten. Heillose Geldverschwendung ist beides gleichermaßen.

Übrigens haben Kinder auch eine ganz eigene Vorstellung vom Reisen an sich. Über eine balearische Insel im Familien-Van zuckelnd, sprach mein neben mir sitzender Sohn folgenden zutiefst philosophischen Wunsch aus: »Ich möchte einmal auf die ganze Welt reisen, nicht nur auf einen Platz, einen Platz, noch einen Platz, sondern auf die ganze Welt.« Ich sagte, das sei ein großartiger Plan und dass es stimme, man solle schon versuchen, möglichst viele verschiedene Länder kennenzulernen, aber jeden Platz auf der Erde zu bereisen, das schaffe niemand.

»Ja, aber möglichst viele«, sprach er, »und dann fahren, fahren, immer weiterfahren, bis man endlich stirbt!«

Ja, mein Schatz, so in etwa nehme auch ich unseren Familienurlaub in der Regel wahr: Fahren, fahren, immer weiterfahren, bis man endlich stirbt.

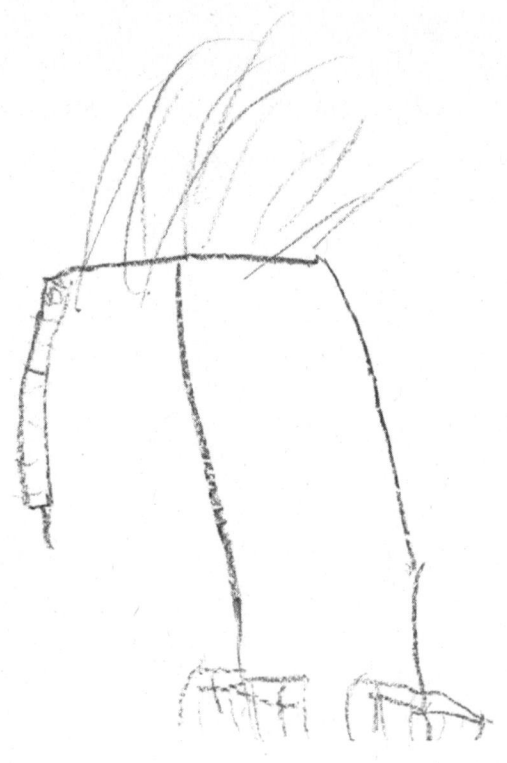

Ein Ibis. Musste ich selbst erst mal googeln, da ich bislang lediglich die gleichnamige Hotelkette kannte. Ich finde zwar, dass dieser Ibis hier ein wenig depressiv daherkommt, aber er könnte mit seinen beachtlichen Füßen im Herbst sicher vortrefflich Laub rechen.

18.

»Was ist das für ein schwarzer Kasten da?«
Fernseher

Wir haben keinen. Das ist keinem medialen Dogmatismus, sondern reinem Zufall, gepaart mit Faulheit, geschuldet. Der letzte Fernseher ging 2010 kaputt, und bislang hat keiner einen neuen gekauft. Wahrscheinlich kann man sich mit den aktuellen TV-Geräten längst nass rasieren, oder?

Bei aller Hysterie um das Thema Kinder und Medien möchte ich anmerken, dass wir in der Fernseherlosigkeit bereits seit einigen Jahren überraschenderweise überleben. Abends miteinander zu reden, statt vor dem Kasten zu hocken, kann natürlich von Vorteil sein. Über das schlechte Programm kann man sich ja genauso auf YouTube aufregen und dort zudem zugleich Hass-Kommentare posten – feine Sache. Früher musste man noch eine ausreichend frankierte Postkarte ans ZDF schicken, und bis die am nächsten Tag eingeworfen war, war die wutschnaubende Entrüstung längst verflogen. Vielleicht sind Informationsträger aus Papier ja von einer grundsätzlich besänftigenden, gleichsam sedierenden Wirkung. Bücher, Zeitungen und handschriftliche Briefe sind so unvorstellbar lahmarschig, dass es sowohl bei der Anfertigung als auch bei der Rezeption derselben mitunter zu Spuren von Abwägungen und Reflexionen kommt. Voll retro, dieser analoge shit!

Aber Achtung: Wachsen Ihre Kinder in den ersten Lebensjahren ohne Fernseher auf, kann es zu beachtlich abweichendem Verhalten kommen. Tiefe Verstörung, ja fassungsloses Entsetzen bei anderen sind dabei durchaus mögliche Folgen. Zwei vier beziehungsweise sechs Jahre alte Schwestern interviewten meinen ältesten Sohnemann auf dem Spielplatz. Augenscheinlich ging es den beiden Fernsehprofis um das Abklopfen der medialen Kompetenz meines kleinen Bücherwürmchens.

»Kennst du *Babar, der Elefant*?«

»Nein.«

»Kennst du *Teletubbies*?«

»Nein.«

»Kennst du *Benjamin Blümchen*?«

»Nein.«

»Kennst du *Prinzessin Lillifee*?«

»Nein.«

»Kennst du *Power Rangers*?«

»Nein.«

»Kennst du *Schloss Einstein*?«

»Nein.«

»Was machst du denn die ganze Zeit?«

Antwort fernsehloser Sohn: »Hier, ihr müsst diese Stöcke nehmen, dann sind wir alle Piraten und können etwas klauen ... zum Beispiel Toiletten.«

Okay, das mit den gestohlenen Klos ist auch mir ein wenig rätselhaft, aber ansonsten war ich extrem glücklich über genau dieses Ende jener Unterhaltung. Selbstredend habe ich von dem Gespräch sofort ein Selfie geknipst und meiner Frau gewhatsappt.

Meine Kinder haben in ihrem noch recht kurzen Leben bereits sehr, sehr vieles gesagt. Oftmals handelt es sich um fantastische Aussagen wie »Oooh, ich bin in eine riesige dunkle Höööhle«, nachdem man sich ein Küchenhandtuch über die Rübe gelegt hat. Auch andere wunderbare Überlegungen sind dabei, wie: »Wenn der Fuchs jetzt kommt und uns sieht, dann erschreckt der sich so dolle und rennt bis nach Afrika ... oder Frechen.« Klar, Frechen wäre kulturell gesehen echt krass für den armen Fuchs.

Eine Frage beziehungsweise Aussage habe ich von den Buben im ganzen Leben hingegen noch nicht gehört: »Was soll ich spielen?« beziehungsweise »Mir ist langweilig!«. Denn dafür haben sie anscheinend viel zu viele und viel zu brillante Pläne in ihren kleinen Mäuseköpfen: »Wenn ich groß bin, möchte ich auch ein Papa sein, und dann trinke ich Kaffee! Morgen?«

Sieh einer an: In gewisser Weise *fern sehen* können Kinder also durchaus von ganz alleine und sogar ohne in China zusammengeklebte Endgeräte.

Immer wenn wir ziemlich klimaunneutral in den Urlaub fliegen, beobachte ich andere kleine Kinder im Flugzeug, wie sie mit offenen Mündern und kaum blinzelnden Augen komplett sediert und wie weggetreten auf iPads glotzen, auf denen aberwitzig schnell geschnittene Geschmacklosigkeiten in grellen Farben flimmern. Das pädagogische Konzept ist klar: Haupsache, ruhig; nicht dass die anderen Fluggäste aufgrund kindlicher Nebengeräusche zu wenig von den brillanten Redebeiträgen des Kopiloten mitbekommen oder irgendjemand die spannenden Infos bezüglich der aktuellen Duty-free-Angebote verpasst.

Kleine Anmerkung zum Abschluss dieses kurzen medienkritischen Einschubs: Kinder verhalten sich im Flugzeug ebenfalls weitgehend ruhig, wenn man sich zwei, drei Stunden lang mit ihnen unterhält und bei Meinungsdifferenzen geschickt mit Trockenfrüchten arbeitet. Schneller einschlafen vor lauter Langeweile tun sie dann obendrein.

19.

»Stehenbleiben! Hände hoch! Stillgestanden!«
An die Hand nehmen

Eltern – so die gängige und nicht ganz ungerecht-
fertigte Meinung – nehmen an die Hand. Und zwar
Kinder. Bitte unbedingt die eigenen, sonst wird es
ganz schnell strafrechtlich relevant. Eltern nehmen
fraglos auch noch viele andere Dinge an die Hand,
beispielsweise die Partnerin, den Partner, Freunde,
ihre eigenen Eltern, Großeltern, Urgroßeltern und
Fahrräder, wenn sie komplett betrunken sind (also
die Eltern; Fahrräder haben ja meist einen recht
niedrigen Promillewert).

Grundsätzlich jedoch gilt: An die Hand genommen
werden auf unserem Planeten vor allem Kinder.
Haben diese kleinen Giftzwerge darauf gerade gar
keine Lust, so kann beziehungsweise muss man mit
ansehen, wie ansonsten durchaus zurechnungsfähige
Erwachsene wütende Winzlinge wie Rollköfferchen
hinter sich herziehen. Spätestens dann wäre entschie-
dener Alkoholkonsum vielleicht sogar ratsam. Auf
Seiten der Eltern, versteht sich.

Wie so vieles im parentalen Dasein stellt auch das An-die-Hand-Nehmen eine mitunter widersprüchliche Praxis dar, ist es doch sowohl unvermeidliche, unbedingt zu leistende Fürsorge und dringend benötigte Orientierungshilfe zum einen als auch körperlicher Zwang und überlegene Kontrolle zum anderen. Und wenn der Widerstand des Kindes massiv ausfällt, sieht es obendrein auch noch ziemlich dämlich aus.

Für Kinder hat es ebenfalls zwei Seiten. Die riesigen Pranken der Eltern scheinen in ständigem Wechsel zu polarisieren: Entweder empfinden die Kleinen dieses aufdringliche Festgehaltenwerden von viel zu hoch montierten Armen als absolutes No-go, oder aber jener Rettungsanker muss jetzt, im Sinne von sofort und zwar augenblicklich, heruntergereicht werden und einen richtig schön festifesthalten. Festhalten bedeutet Einschränken und Verhindern, allerdings sowohl von Freiheit als auch von Risiken und beängstigend laut vorbeirasenden Motorradprolls in der 30er-Zone.

Generell ist es ein großes Glück, das eigene Kind in einer an-die-Hand-nehm-tauglichen Verfassung vorzufinden, insbesondere für das eigene Gangbild und die Nackenmuskulatur. Sobald man nämlich unverbandelt mit einem solchen Miniatur-Straßenverkehrsteilnehmer loswatschelt, eiert man im Zickzack durch die Stadt, ständig in gebückter Haltung auf den bodennahen Bereich um sich herum schauend, weshalb man zahlreiche Laternenpfähle häufig nicht im letzten Moment, sondern erst kurz danach bemerkt. »Komm bitte an die Hand, mein Schatz. Komm jetzt bitte an...« – RUMMMS! »Komm jetzt bitte wirklich mal an Papas...« – RUMMMS! Von Hundehäufchen möchte ich an dieser Stelle nicht schon wieder anfangen...

Auf die Phase, in der man jemand Kleines immer an die Hand nehmen musste, folgt eine Zeit, in der man das nicht mehr ständig, überall und geradezu zwanghaft tun muss. Loslassen ist demnach integraler Bestandteil des An-die-Hand-nehmen-Konzepts. Plötzlich sieht man einen kleinen Kompetenzbrocken mutig, sicher und selbstbewusst vor sich hertraben, seitlich nebendran schlendern oder widerwillig hinterhertrotten – und staunt als Elternteilchen, was bereits wenige Meter Abstand für eine perspektivische Änderung im Blick auf das eigene Kindlein bewirken. Ein Stück Freiheit wird dadurch auf beiden Seiten gewonnen, jedenfalls bis zu dieser gefährlichen Kreuzung da vorn, bei der man sich schon fünfzig Meter vorher denkt: Da muss er aber gleich stehenbleiben – eigentlich jetzt – also spätestens... Na, den pfeif ich aber augenblicklich zurück! Sag mal, hört der schlecht? »STOOOOOOOOPP... so jetzt aber an die Hand, mein Freund, und zwar zack, zack!«

Und schon beginnt der alltägliche Kampf um Sicherheit, Vertrauen, Zutrauen und Selbständigkeit von vorn. Für den Notfall gibt es noch eine nicht weniger zwiespältige, aber verschärfte Variante namens Auf-den-Arm-Nehmen, was unbedingt in seiner Doppeldeutigkeit zu verstehen sei.

Liebe Kinder, die ihr außerhalb traditioneller, von der Moderne gänzlich unberührter Stammesgesellschaften aufwachst und von Straßenverkehr und motorisierter Fortbewegung umtost seid: Es nervt vielleicht tierisch, wenn man sich ständig oberhalb des eigenen kleinen Kopfes an einer schwitzigen Flosse festhalten muss; aber seid gewiss, es ist nicht nur zu eurem Besten, nein, auch den vermeintlich großen Menschen tut dieses An-der-Hand-Gehen richtig gut. Sie machen das bloß untereinander viel zu selten.

Von einem Kind an die Hand genommen zu werden gibt selbst dauergestresst herumwuselnden Subjekten ein Gefühl von sinnvollem Dasein und verantwortlicher Tätigkeit und hält einen zudem von solch schwachsinnigen Beschäftigungen ab, wie sich selbst und die dazugehörige Frisur in spiegelnden Schaufenstern zu betrachten oder mit dem Daumen auf einem fettigen Display herumzuwischen. Gegen Laternen zu rennen schafft man wie gesagt auch ganz gut mit Kindern. Und dann hat man wenigstens einen Schuldigen. »Warte, Schatz, bis die Ampel umspringt auf ...« – RUMMMS!

20.

*»Guck mal, Papa, wie die Schnecke
innen drin aussieht ...«*
**Warum Kind und Wissenschaftler
derselbe Beruf sind**

Ich bin nicht nur ein Mensch, sondern auch Geisteswissenschaftler. Das schließt sich nicht per se aus.
Ein Studium ohne erkennbare Verbindung zu irgendeinem Jobprofil (Musikwissenschaft, Philosophie,
Ethnologie, Regionalwissenschaften Lateinamerikas
etc. pp.) ermöglicht einem, das Kindsein um weitere
drei bis sechzehn Jahre zu verlängern. Ich erinnere
mich an einen Typen, der im Rahmen einer Vorstel-
lungsrunde in einem musikpädagogischen Seminar
tatsächlich laut verkündete: »Hallo, ich heiße Franz
und bin im zweiunddreißigsten Semester.« Die meisten Lehrkräfte hatte er wahrscheinlich bereits über-
lebt. Respekt, Franz.

Zugegeben, die Zeiten, als sich ein Großteil meines sogenannten Lebens auf dem Campus abspielte,
liegen schon ein paar Jahre zurück. Und nur äußerst
selten zeige ich beim Einkaufen meine Promotions-

urkunde vor. Vergünstigungen gibt es dafür eh nicht, obwohl es gerechtfertigt wäre, hat man sich doch jahrelang mit Haut und Haaren, mit Hirn und Zellen an ein Thema verkauft, das auf diesem Planeten nur einen einzigen Menschen wirklich interessierte, und der war man selbst.

Derweil haben die meisten anderen Zeitgenossen sich schon um Erwachsenenkram gekümmert, sprich: Geld verdient und wieder ausgegeben. Ich warte noch auf folgenden Zusatz bei Eintrittspreisen für Kulturveranstaltungen: *Fünfzig Prozent Rabatt erhalten Schüler, Studenten, Auszubildende, Senioren, Hartz-IV-Empfänger, Obdachlose und promovierte Geisteswissenschaftler.* Es sei denn, sie arbeiten als Taxifahrer, dann wären eigentlich siebzig Prozent Ermäßigung gerechtfertigt.

Das Basteln einer Doktorarbeit bedeutet eine wunderbar schwerelose, wenn auch völlig monothematische Phase. Sich an Bürozeiten halten, um die Altersvorsorge kümmern, Steuererklärung machen – alles erst mal wurscht, ich bin hier grad an was interessiert, lass mich da mal gucken, ich muss hier dringend mal was rausfinden, danke.

Wenn aus Schulabgängern (ich bin dort echt abgegangen) und Studierenden Wissenschaftler werden, müssen sie das Kind in sich bewahren, wiederbeleben oder zum ersten Mal überhaupt erst finden. Denn kleine Kinder sind allesamt Vollzeitwissenschaftler. Fachgebiet: Schwerkraft, Statik, Stoffwechsel und überhaupt alles. Nur weil sie Forscher sind, schmeißen sie monatelang jedes Teil runter, schlonzen es genüsslich an und drücken, knautschen, kratzen und fummeln an allem rum, was nicht oberhalb von 95 cm fest verschraubt ist. Ihr Köpfchen ist voll von schwer artikulierbaren Fragestellungen, sie sind getrieben von fixen Ideen, sie experimentieren mit verschiedenen Versuchsanordnungen und zerbrechen sich fast den kleinen Schädel aufgrund unlösbar scheinender Probleme.

Nichts anderes ist das Kerngeschäft jeder Wissenschaft. Die allseits beliebten »Einführungen in die Methoden des wissenschaftlichen Arbeitens« könnten astrein im Rahmen von Krabbelgruppen angeboten und per Teilnahmeschein abgehakt werden. Dort kann man sich unstillbares Interesse, Staunen, Wundern und systematisches Untersuchen bestens abgucken und aneignen. Krabbelt man im Garten, kann es sogar zu Tierversuchen kommen.

All das, was wir uns von dreizehn, zwölf oder sehr viel weniger Schuljahren erhoffen, ist eigentlich schon immer vorhanden in unseren Kindern. Als oberstes pädagogisches Ziel müsste man also ausweisen, möglichst wenig von diesem kaum zu bändigenden Forschergeist kaputtzumachen, ihn stattdessen zu erhalten, zu fördern und sich nach Möglichkeit zumindest dünne Scheiben davon abzuschneiden. Denn aus »Wer? Wie? Was? Wieso? Weshalb? Warum?« werden viel zu schnell »Darum! Basta! Interessiert mich nicht!«. Wenn ich jemals etwas fordern sollte, so werde ich für entschieden mehr »Hä?« in unserem Leben plädieren.

Wenn ich an meine eigene Schulzeit zurückdenke, erinnere ich mich an ein Bildungssystem, in dem auch nach dreißig Jahren Schuldienst mental vollkommen intaktes Lehrpersonal die Zeit fand, auf jedes Kind einzeln einzugehen. Gut, nicht auf jedes Kind, aber auf viele. Oder einige. Auf einige wenige im Zweifel. Und ich sehe vor mir eine Pädagogik, in der wirtschaftlich relevante Fächer, aber auch solche, die gegebenenfalls ein bisschen Spaß gemacht hätten, gleichermaßen von Bedeutung waren. Ich bin sogar heute noch sehr dankbar dafür, dass ich so viel Zeit hatte, mich auf Matheklausuren vergeblich vorzubereiten, weil Kunst, Religion, Sport und Musik ständig ausfielen. Aber zu Recht, oder etwa nicht? Musste jemals jemand von uns später in einem Vorstellungsgespräch auf einem Barren schwebend ein Bild über Jesus singen? Vielleicht werden in Zukunft ohnehin nur noch die sogenannten MINT-Fächer an Schulen unterrichtet. Die Abkürzung MINT ist bekannt – sie steht für Mobbing, Intrigieren, Nötigung durch Traumatisierung.

»Vor allem und zuallererst ist die Kulturleistung des Fragenstellens die entscheidende Grundvoraussetzung für eine fortschreitende Humanisierung der Spezies Mensch.« Wieland Quaestiones: *What? Eine kleine Kulturgeschichte der großen Fragen.* Freiburg im Breisgau 1999, S. 55

Und ich erinnere mich an den Schulhof, dieses Schlachtfeld des hormonalen Terrorismus. Östrogen-Bazookas prallten da auf durch Daueronanie gestählte Testosteronpanzerfäustchen.

Aber es war auch eine Art Idylle. Ich weiß noch, auf dem Schulhof, da waren in der einen Ecke Kinder, die lachten, spielten, sich immer gegenseitig halfen und austauschten – und in der anderen Ecke eben Jungs. Wenn ich überlege, wie viele Lehrerinnen und Lehrer wir zum Heulen gebracht oder sonst wie in Richtung Zusammenbruch genötigt haben, hätte man diese terroristischen Ausbildungscamps in Afghanistan vielleicht gar nicht bombardieren, sondern lieber importieren sollen, um sie für Lehrerfortbildungen in Köln-Porz weiterzuverwenden.

Eventuell muss man das Thema Schulbildung gar nicht überstrapazieren. So habe ich letztens gehört, das tatsächliche Bildungsniveau von Kindern werde lediglich zu weniger als zwanzig Prozent von der jeweiligen Schule beeinflusst, hänge dagegen jedoch in nicht aufzuhebender Weise existentiell vom sprachlichen, intellektuellen und kulturellen Horizont der Eltern ab. (Ob Sie persönlich das nun beruhigt oder ängstigt, ist voll so Ihre Sache.)

Aus eigener Erfahrung weiß ich, dass unsere Art der schulischen Ausbildung – die meinen drei kleinen Wissenschaftlern ja noch bevorsteht – leider primär den Erwerb von Wissen, von ins Kurzzeitgedächtnis gehämmerten und damit überprüfbaren Fakten in den Vordergrund stellt. Dabei ist abrufbares, auswendig gelerntes Pseudowissen das exakte Gegenteil von Erkenntnisstreben und Forschergeist. Das Sich-Fragen, Staunen, Sich-Wundern, Grübeln und Zweifeln, also das eigentliche Nicht-Wissen dagegen stellt doch den wahren Kernpunkt dessen dar, was Schule, was Bildung, Kultur und Pädagogik leisten könnten. Entscheidend ist nicht, die Welt als leicht zu memorierende Faktenlage zu präsentieren, sondern, ganz im Gegenteil, ihre rätselhafte Erklärungsbedürftigkeit zu vermitteln, sollen die Kinder einmal ansatzweise so etwas wie Skepsis, Problembewusstsein und eigenständiges Suchen nach Lösungen beherrschen. Probleme und Interessen haben Kinder im Überfluss; warum also nicht ihre Fragen schulen, anstatt die von uns festgelegten Antworten abzufragen?

Und vielleicht muss man an unseren Schulen verstehen lernen, dass es grundsätzlich gar keine Kinder gibt. Es gibt immer nur ein Kind. Ein einzelnes, auf seine Weise besonderes und von allen anderen völlig verschiedenes Wesen, mit dem man es gerade zu tun hat. »Kinder« ist dagegen bloß ein Sammelbegriff für in Wahrheit absolut heterogenes menschliches Material.

21.

*»Hallooo, wo hast du denn
heute mein Geschenk?«*
Ommas und Oppas

Mit der Geburt eines Menschen kommen nicht nur
ein kleines Kind zur Welt, sondern im Idealfall zusätzlich zwei beziehungsweise vier weitere Spezial-
wesen: die Mütter der Mütter und die Väter der
Väter, die Mütter der Väter und die Väter der Mütter – kurz gesagt, Omas und Opas. Diese faszinierenden Menschen waren zugegebenermaßen bereits
vorher da, eine Art Neugeburt ereignet sich aber
dennoch. Manch einer oder eine fiebert seit sechs
Jahrzehnten der Materialisierung von Enkeln entgegen, andere haben im Vorhinein vielleicht eher
wenig Bezug zu diesem noch sehr theoretischen Thema. Die einen können den Startschuss ins Oma-/
Opa-Dasein kaum erwarten, anderen erscheint die
Tatsache, plötzlich von Wildfremden als Oma oder
Opa bezeichnet zu werden, mittelschwer bekloppt.

Ganz egal, denn alle werden sie erfasst werden,
vollends erfasst von einem Strudel hyperemotionali-

sierter Begeisterung und gutschi-gutschi-fiepender Freudigkeit. So fragt man sich kurz nach der Geburt: Was macht denn dieses vogelgezwitscherartige Gepiepse im Wohnzimmer? Das macht Mutter, also Oma – herrlich! Kleine Kinder sollten für angehende Seniorinnen und Senioren in jeder Apotheke auf Rezept verfügbar sein, und zwar als staatlich anerkannte Verjüngungskuren. Auf die siebzig zugehende Damen können plötzlich als Pferdchen durchs Kinderzimmer krabbeln, kurz vor der Pensionierung stehende Herren werfen Wonneproppen locker bis zur Decke. Mit etwas Glück fangen sie die kleinen Flugobjekte sogar wieder auf.

Dass die eigenen Eltern sich auch einmal mit kleinen Kindern auseinandergesetzt haben, wird einem erst bewusst, wenn man erkennt, mit welch enormer pädagogischen Gelassenheit sie agieren, haben sie sich erst einmal aus jener Enkel-Endorphinblase befreit. Die eigenen Eltern haben den Weg von »ich werde mir doch niemals von so einem Winzling auf der Nase herumtanzen lassen« zu »ach, dann mach halt, was du willst« bereits einmal erfolgreich, das heißt lebend überstanden. Daher ist ihre erzieherische Grundhaltung primär mit »och, alles halb so wild« zu bezeichnen. Das kann einen tierisch auf die Palme bringen. Oder ein Stück weiter. Denn das, was man vielleicht früher nicht geschafft hat, nämlich einen Mittelweg zwischen den eigenen Ansätzen und denen der Eltern zu finden, kann man jetzt unter dem Stichwort »Ten years later – Eltern reloaded« noch einmal angehen.

Allerdings machen sich Großeltern insbesondere im Bereich Ernährung auch schon mal auf eigene Faust und unabgesprochen selbständig ans Werk. Komplett überzuckerten Kakao in dreijährige Lebewesen zu schütten kommt bei uns zum Beispiel nicht in die Tüte, beim Ausflug mit Oma aber in die Tasse. Allerdings immer nur ausnahmsweise. Ein Klassiker.

Gleichzeitig befindet man sich als junge Eltern in der latent absurden Situation, Gespräche über Erziehung mit seinen ehemaligen Erziehungsberechtigten zu führen – und merkt dabei gegebenenfalls, dass das mit dem »ehemalig« so gar nicht stimmt. Da man selbst für die Kinder wahrscheinlich in der Kategorie »Regeln, Regeln, Regeln« läuft und Omas und Opas eher zur Abteilung »Spaß, Spaß, Spaß« beziehungsweise »Kakao, Schokolade, Eiscreme« gehören, können die lieben Großeltern die lieben Kleineltern bei der erzieherischen Alltagsarbeit ganz gut beobachten. Hier hilft nur: zurückbeobachten. Und notgedrungen die ein oder andere mentale Reise in die eigene Kindheit unternehmen, das Resultat des eigenen Aufwachsens mit ganz neuen Augen beurteilen.

Viel gibt es bei mir nicht zu sagen. Ich mag meine Eltern und komme im Leben ganz gut zurecht. Die beiden müssen also pädagogische Genies sein, denn was will man mehr erreichen? Meine eigenen Kleinkindtage liegen selbstverständlich ohnehin unter einem nebligen Schleier, aus dem nur einige wenige Erinnerungsfetzen gelegentlich aufblitzen. Da fragt man sich manchmal glatt, warum man sich tagtäglich das ohnehin schon überlastete Elternhirn zermartert, um den Alltag der Kinder im besten Falle qualitativ hochwertig zu gestalten – wenn die kleinen Stöpsel fünfundneunzig Prozent dessen, was sie gerade erleben, unwiederbringlich vergessen.

Der eigene Übergang von in erster Linie Kindsein zu vor allem Elternteilsein vollzieht sich mehr oder weniger fließend. Oftmals liegen zwischen postpubertärem Ich-mach-jetzt-mein-Ding und dem gegebenenfalls darauffolgenden Ich-mach-jetzt-ein-Kind ja nur ein paar Jahre. Und schon tritt man so, wie ein Bäckerlehrling die Backstube seines backenden Vaters übernimmt, gewissermaßen in die Fußstapfen seiner Eltern, weil man sich – nun selbst Eltern – quasi für denselben Beruf wie die Alten entschieden hat.

Zunehmend erscheint mir das frühere Konzept der Großfamilie mit mehreren Generationen unter einem Dach als nicht die schlechteste Idee auf Erden. Selbstverständlich ist der Kontakt zu gleichaltrigen Menschlein für Kinder unheimlich wichtig, aber die dicken Freundschaften mit deutlich älteren Exemplaren, die bereits weitaus länger als die eigenen verrückten Eltern diesen Planeten bewohnen, sind auch nicht zu verachten. Definitiv horizonterweiternd sind diese Verbindungen, beherrschen Omas und Opas doch mitunter Fertigkeiten, die Mama und Papa schlichtweg gar nicht draufhaben, beispielsweise Socken stopfen, Fahrradschlauch flicken, Eintopf für drei Tage im Voraus kochen, um 5.33 Uhr ausgeschlafen sein oder den Dreisatz.

Und glücklicherweise geben die Eltern der Eltern Kindern häufig Anlass zu den erstaunlichsten Theorien, wie das folgende Gespräch zwischen meinem Sohn und meiner Frau beim morgendlichen Müsliverzehr belegt:

Sohn zu Mutter: »Du kriegst eine Rosine, weil du so ein schönes Baby geboren hast – Oma Hella nicht... ähh, hat Oma Hella auch ein Baby geboren?«

»Ja, deinen Papa.«

»Dann kriegt Oma Hella auch eine – eine kleine, weil sie hat später ein Baby bekommen.«

Aha.

Auch Omas und Opas machen sich von Zeit zu Zeit sicherlich Sorgen und denken: »Mensch, was wird nur sein, wenn das Humanmaterial, das jetzt noch so klitzeklein ist, irgendwann mal richtig alt ist?« Aber man sollte optimistisch sein, und ich sehe es durchaus schon vor mir: In vielen, vielen Jahrzehnten stehen total degenerierte Computerspielfreaks oben vor der Himmelstür und halten Petrus wahrscheinlich für den Endgegner.

Die eigenen Eltern haben den aus Selbstüberschätzung geborenen Hang zum erzieherischen Perfektionismus (und zur pädagogischen Selbstzerfleischung) glücklicherweise meist schon hinter sich gelassen. Die Psychologie lehrt uns, dass so ziemlich jede mentale Störung und krude Verhaltensauffälligkeit schlussendlich aus unserer Kindheit herrührt. So kommt allen Eltern unweigerlich zumindest eine Teilschuld zu im Hinblick auf ihre beziehungsunfähigen, angstgestörten, hysterischen, manischen oder sonst wie verhaltensauffälligen Nachkommen. So weit, so schlecht. Psychologische Erkenntnisse allerdings werden immer nur im Nachhinein gewonnen, weil sich rückwirkend alles Psychotische natürlich prima zurückverfolgen und kausalisieren lässt. Wenn es hingegen darum geht, zuverlässig zu prognostizieren und psychologisch fundierte Rezepte auszustellen, herrscht häufig Fehlanzeige. Deswegen bedeutet die Elterntätigkeit zwangsläufig, einen großen Berg liebevoll gemeinter Fehler zu produzieren, bis die Kinder sich zwanzig Jahre später ob ihrer psychopathologischen Diagnosen heftig beschweren – im Zweifel zu Recht. Gegebenenfalls sollte man den Omas und Opas nicht dermaßen viele pädagogische Vorgaben bei der Kinderbetreuung machen; dann könnte man sich Jahre später die Verantwortung für den ganzen Psychomist des Nachwuchses nämlich teilen.

Im Falle eines engen Zusammenarbeitens mit den eigenen Eltern im Hinblick auf die Betreuung der eigenen Kinder erkennt man recht schnell, dass Erziehung kein Phänomen ist, das sich ausschließlich zwischen kleinen Fuzzis und ihren gestressten Erzeugern abspielt. Nein, vielleicht ist Erziehung, vielleicht sind pädagogische Anliegen ja das zentrale Prinzip, das unsere Gesellschaft im Ganzen prägt; vielleicht tritt dieses im besten Falle freundschaftlich-friedliche Ringen um die besten moralischen, ethischen und kulinarischen Lösungen grundsätzlich zwischen allen kommunizierenden Menschen auf.

Und ja, auch Großeltern müssen von Zeit zu Zeit erzogen werden, wenn beispielsweise klar verbalisierte Botschaften in ihren senioresken Köpfen urplötzlich zu exakt entgegengesetzten Mitteilungen mutieren. So beim adventlichen Warnhinweis: »Bitte, bitte, dieses Jahr von jedem nur ein – ein einziges, und zwar kleines! – Geschenk pro Kind.« Dieser Ausspruch kann von Omas und Opas Ohren zwar akustisch aufgenommen werden, verwandelt sich auf dem Weg ins zentrale Nervensystem jedoch in: »Ja, siebzehn aufwendig verpackte, kostspielige und zu einem riesigen glitzernden Turm gestapelte Präsente je Kind sind wirklich ideal, danke!«

Da die eigene Kindheit, wenn man sich nicht vor kur-

»Jede neue Generation von Eltern hat ein nicht verhandelbares Anrecht darauf, sowohl dieselben als auch zusätzlich noch ganz eigene Fehler in der Erziehung zu begehen, und das Risiko, Eltern zu haben, ist mit dem Beruf des Kindes eben nahezu untrennbar verbunden.« Mamaris Papadopolous: *Scheitern – ein Konzept mit Erfolgsgarantie.* Hamburg 1991, S. 143

zem eine Gesprächstherapie gegönnt hat, meist undurchsichtig verworren weit hinter einem liegt, lässt sich ihr Einfluss aus der Binnenperspektive nur recht schwer definieren. Ob Erziehung im Hinblick auf das eigene Heranwachsen primär aus Wiederholung oder in erster Linie aus Abgrenzung besteht? Ich bin mir sicher: Ja.

22.

»Auf keinen Fall ... unter keinen Umständen ...
meinetwegen mach halt.«

Grenzen

Grenzen sind wichtig für Kinder. Und für Eltern. Ja, ich finde, Kinder sollten sehr genau wissen und vor allem nachvollziehen können, an welche Verbote und Regeln sie sich schlussendlich nicht halten werden. Denn nur weil Grenzen ignoriert werden, heißt das ja nicht, sie seien überflüssig. Auf der einen Seite sind Grenzen – egal ob interstaatlich oder innerfamiliär – eine zivilisatorische Errungenschaft. Auf der anderen Seite sind sie Ort, Anlass und Grund schrecklicher Auseinandersetzungen. Nichts diskutiert das heutige Europa so intensiv und kontrovers wie seine eigenen Grenzen. Und die der anderen.

Als ich ein Kind war, wies ich meine Mutter angesichts unseres umzäunten sowie umheckten Grundstücks darauf hin, dass ich – wenn ich einmal groß sei – einen ganz und gar unbegrenzten Garten mein Eigen nennen wolle. (Obwohl gerade Eigentum insbesondere mit Grenzen und deren Verteidigung zu tun hat.) Mittlerweile jedoch ist mir die konkrete Begrünung oder die tatsächliche Quadratmeteranzahl unseres Gartens weitgehend egal – Hauptsache, es ist ein Zaun drum herum, damit man vermeintlich sicher ist vor den ganzen vermeintlichen Freaks da draußen. So beflügeln und potenzieren Kinder also die feindselige Spießigkeit ihrer eigenen Eltern …

Ich bin so fürchterlich biedermeierlich geworden. Ich weiß nicht einmal, was das Wort genau bedeutet, aber ich spüre die Biedermeierlichkeit total. Aber vielleicht führt ja selbst von da aus ein Weg zum Revolutionären, zur Grenzüberschreitung. Nachts träume ich manchmal davon, wie ich beachtlich gefüllte Windeln via Katapult in die Vorgärten hundehaltender Vollidioten pfeffere, denn solange ich auf öffentlichen Spielplätzen und in Parks primär damit beschäftigt bin, Hundehäufchen auszuweichen und meine Kinder alle zehn Meter vor einem saftigen Hineintreten in dieselben zu bewahren, so lange habe ich keine Zeit für Occupy. Nachbarschaftlicher Kleinkrieg muss diesbezüglich reichen – sorry, aber es gibt auch Grenzen. Und die zu überschreiten kann enorm verlockend sein (nicht nur für Kinder!).

Auf der anderen Seite sind Grenzverletzungen häufig exakt das, was einen an anderen Menschen, mit denen man sich diesen winzigen Planeten teilen muss, aufregt. Bisheriges Highlight in meinem Dauerkampf mit Hundehaltern ist ein Stranderlebnis im letzten

Urlaub. Einer kleinen mallorquinischen Fußhupe gelang es doch tatsächlich, unangeleint unseren Kinderwagen, in welchem unser Winzling gerade friedlich schlief, in seinem Sinne zu markieren, also anzupinkeln, was Herrchen und Frauchen nicht weiter störte. Man müsste einmal Kinder ähnlich frei herumlaufen lassen wie Hunde. Da wär aber was los! Leider habe ich am Strand den Moment fürs totale Ausrasten kommunikativ verpasst, denn mein Spanisch reicht zwar locker fürs Restaurant, aber eben nicht für eine adäquate Übersetzung von »arschbekackter Kackköter, dreckelige flohbefallene scheiß haarige Ratte!«. Ja, es gibt Grenzen, allerdings, so scheint es häufig, völlig falsche. Aber gut, ich schweife ab.

Ähnlich wie die Landesgrenzen von Polen in den letzten Jahrhunderten sind auch die pädagogischen Grenzziehungen daheim immer wieder Veränderungen unterworfen und selten absolut. Ganz ohne sie driften Kinder in den ersten Lebensjahren weitgehend ziellos in einem Niemandsland ohne moralisches, ethisches und ästhetisches Koordinatensystem herum. Genauso muss man außerfamiliär, staatlich und kontinental gesehen zugeben, dass das, was wir in der Regel als Freiheiten, Sicherheiten und fundamentale Privilegien erleben, immer auch die Verdienste der verschiedensten Arten von Grenzziehungen, Markierungen und gezogenen Linien sind. Wenn anderswo auf dieser Welt sämtliche rechtlichen und moralischen Grenzen implodieren, weil Diktatoren, mit denen wir sonst liebend gern Geschäfte treiben, sich plötzlich als Massenmörder entpuppen, oder ganze Regionen, die wir und unsere Freunde seit Jahren bombardieren, nun überraschenderweise infolgedessen recht viel Terroristen hervorbringen, so sollten wir einmal überdenken, ob die Tatsache, dass man innerhalb verlässlicher körperlicher und moralischer Grenzen leben darf, nicht der Inbegriff aller von uns so schick proklamierter und eingeforderter Menschenrechte darstellt.

Fraglos kann man wie Beatrix von Storch von der AfD Grenze mit Schießbefehl gleichsetzen. Dann jedoch hat man das Wesen von Grenzen meines Erachtens nicht begriffen. Eine Grenze soll vor Gefahren schützen und nicht die Gefahr selbst sein. Und wenn eine aufgebrachte Menschenmenge (und es hätte genauso im Westen Deutschlands passieren können) geflüchtete Kinder in einem von Polizisten umstellten Bus anbrüllt, weil sie fürchtet, diese verängstigten Geschöpfe nähmen ihnen ihre geliebte und sogenannte Kultur weg, so kann man nur seufzen: »Ja, hoffentlich.«

Eine Grenze wertzuschätzen bedeutet innerfamiliär wie territorial eben nicht, angstgesteuert auf alles loszuballern, was draußen ist, sondern dass es Werte gibt, die nicht verhandelbar sind, die nicht zur Disposition stehen, die eine tatsächliche Grenze darstellen. Gut, daheim stehen selbst basale Menschenrechte manchmal zur Diskussion. Aber das betrifft dann zumeist nur die Eltern, die Freizügigkeit, körperliche Unversehrtheit und ihr Recht auf Bildung für etwa 15 Jahre auszusetzen haben. Denn wer hat in Wahrheit quasi Stubenarrest, überall blaue Flecken und seit Monaten nichts Vernünftiges gelesen? Genau: Papa!

23.

**»Wie soll dein kleiner Bruder denn heißen?«
– »Blumentopf!«**
Kinder und Humor

Kernpunkt meiner Ausübung einer berufsähnlichen Tätigkeit ist es, Menschen zu unterhalten, obwohl meine primären Aktivitäten Bahnfahren und Im-Hotel-nicht-einschlafen-Können sind. Auch abends vom Veranstalter als Zingstheim, Zingsmann oder Zingsheimer angesagt werden zählt zu den zentralen Bestandteilen meines sogenannten Erfolgs. Ansonsten gilt: Menschen sollen zum Lachen gebracht werden. Humor erweist sich dabei als durchaus hilfreich, sowohl auf der Bühne als auch im Zuschauer*Innen-raum. Denn sich als absolut Einziger im Raum über eine angebliche Pointe halb schlapp zu lachen ist eine eher peinliche Angewohnheit. Kommt jedoch vor. Ich glaube, nichts im Leben kann Menschen so sehr entzweien wie Humor. Außer vielleicht Bürgerkriege und Erbstreitigkeiten.

Humoristische Bombenstimmung und ekstatisch gute Laune scheinen stets aus dem Nichts zu entstehen, sind aber, abgesehen von der ebenfalls nicht zu unterschätzenden Magie des Augenblicks, Resultate mehr oder weniger exakter Planungen im Hinblick auf Text, Haltung und Timing.

Kinder dagegen planen äußerst kurzfristig bis gar nicht, sind aber trotzdem von Natur aus Komiker, so wie Komödianten irgendwie immer auch Kinder geblieben sind. Beide Lebensformen wollen gleichermaßen am liebsten nur spielen. Über das vielbeschworene Timing kann man bei Kindern allerdings streiten.

»Ui, Papa, der Mann da ist aber wirklich seeeehr dick!«

Inhaltlich vollkommen korrekt, diese Aussage. Aber leiser, später oder gar nicht geäußert wäre sie noch korrekter gewesen, jedenfalls sozial gesehen. Was soll's, der dicke Typ muss eben Humor haben. Oder einfach abnehmen!

Solch eine peinliche Fußgängerzonenepisode ist ein gutes Beispiel dafür, dass sich gewitzte Kinder unlustigen Erwachsenen oft erst im Nachhinein als großartige Humoristen erschließen, ist man doch in der tatsächlichen Situation viel zu sehr Gefangener seines eigenen gesellschaftlichen Funktionierens. Etwa dann, wenn man als Vater mit hochrotem Kopf sein vorwitziges Kindlein im Stechschritt in eine Seitenstraße zieht, in die man gar nicht wollte, nur um die Reaktion des korpulenten Typen nicht mehr mitzukriegen. Jedoch bin ich davon überzeugt, dass die nicht zu fassende Lustigkeit kleiner Kinder für ihre Eltern grundsätzlich extrem launesteigernd und lebensverlängernd ist. Ja, auch Humor betäubt – und ist in der Regel obendrein günstiger zu haben als Schmerzmedikamente und weniger folgenschwer als Crystal Meth.

Der Umstand, dass man sich in regelmäßigen Abständen über jedes – ich wiederhole: jedes! – mir bislang bekannte Kind halb totlachen kann, entschädigt energetisch nahezu komplett für alle so unendlich viel kraftraubenden Scharmützel mit den Kleinen. Aufgrund ihrer unfassbaren Lustigkeit sind Kinder glücklicherweise nicht nur Energievampire, sondern auch Lebensfreudetankstellen. Jedenfalls kann man sich das erfolgreich einreden.

Selbstverständlich sind Kinder von Zeit zu Zeit auch mal unfreiwillig lustig, zum Beispiel im Hinblick auf ihre Motorik. Solange es nicht zu tatsächlichen Verletzungen der ein- bis dreijährigen Lebensakrobaten kommt, ist deren sich nur schrittweise auswachsendes Torkeln, Watscheln, Stolpern, Kullern, Rumrudern und Plumpsen durchaus unterhaltsam. Vorsicht: Nicht nachmachen! Das ist alles zutiefst unnachahmlich und sieht bei Erwachsenen unfassbar dämlich aus. Und wird man von Fremden dabei beobachtet, wie man heimlich das Gangbild seines zweijährigen Sohnes hinterhergehend nachahmt, steht man wahrscheinlich kurz davor, das Sorgerecht zu verlieren. Zu Recht. Eigentlich schön, wie absolut einzigartig jedes kleine Kind seine Füßchen für so etwas Ähnliches wie Fortbewegung einsetzt – und fast ein wenig schade, wie wir uns mit zunehmendem Alter auf ein relativ einheitliches desinteressiertes Schlendern oder hektisches Wohinhechten einigen.

Vor allem aber sind sprechende Kinder ein Quell der Glückseligkeit für ein humoraffines Publikum. Dies wurde mir spätestens dann klar, als mein dienstältester Sohn auf die Frage, wie wir sein zweites kleines Geschwisterchen nennen sollten, schlicht und ergreifend »Blumentopf!« vorschlug. Ich hätte das nur zu gern durchgezogen, aber das hätte auf dem Amt sicherlich noch mehr Stress gegeben, als wenn man das Kind Jesus Adolf Osterhase genannt hätte. Wegen Osterhase, versteht sich.

Als ich aus dem Lachen wieder heraus war, stellte ich meinem Sohn eine Nachfrage: »So, so, Blumentopf also. Und wenn es ein Mädchen wird?«

»Chamäleon.«

Danke fürs Gespräch, Sohn. Unterhaltung kann so einfach sein. Vielleicht sollte ich ihn demnächst an meiner Stelle auf Tournee schicken. Auf der Bühne könnte er dann ausgiebig von seinen – wie er findet – »schräääcklichen« Alpträumen erzählen, die ich eher für eine frühkindliche Spielart absurder Drogentrips halte.

»Da waren diese Piraten, und die haben den ganzen, meinen ganzen Kuchen zerkrümelt und dann ins Wasser geschmeißt!«

Gut, zugegeben, das ist echt furchtbar. Manchmal führen wir in Alptraumnächten auch lediglich ein minikurzes Gespräch:

»Papa, ich habe geträumt, ein Hase wollte mich ganz schlimm beißen!«

»Aber Hasen beißen keine kleinen Kinder.«

»Ach so.« Dreht sich um und schläft wieder ein.

Wenn meine Frau mich ins Bett Zurückgekehrten dann fragt, was denn diesmal gewesen sei, muss ich häufig zugeben: »Das wüsste ich auch gerne.« Eigentlich sollte ich wohl froh darüber sein, dass alles so harmlos war, aber manchmal würde ich doch lieber für einen echt supergruseligen Horroralptraum mitten in der Nacht geweckt werden anstatt für Nasen anknabbernde Kaninchen. Vielleicht muss ich dem Jungen abends etwas anderes vorlesen. Wie hieß noch mal dieses Stephen-King-Buch mit dem lustigen Clown?

Kinder sind fraglos auch deshalb von humoristischem Mehrwert, weil sie im Gegensatz zu uns Erwachsenen eine Königsdisziplin in Sachen Humor bestens beherrschen: Dinge aus einer total anderen Perspektive sehen und dadurch komplett anders wahrnehmen. Kleinen Kindern gelingen diese Blickwinkel- und Weltdeutungserweiterungen ganz von selbst.

Im ersten Lebensjahr zum Beispiel haben diese Nachwuchsmenschen noch nicht die Fähigkeit, sich selbst im Spiegel zu erkennen. Das heißt: Sie gehen am Spiegel vorbei (beziehungsweise werden am Spiegel vorbeigegangen), gucken sich dort an und sehen sich auch, denken jedoch: »Alter Schwede, wen die hier alles reinlassen, eieiei!«

Falls Sie solche Empfindungen als ausgewachsenes Exemplar der Spezies Mensch kennen, haben Sie sicherlich recht zeitnah von Amts wegen auch wieder einen Vormund.

Mein zweitältester wie auch zeitgleich zweitjüngster Sohn – er ist im Bereich Nachwuchs gewissermaßen unser Mittelbau, wobei Mittelbauch den kleinen wonneproppigen Seine-Kugel-enorm-stolz-Rausstrecker treffender charakterisieren würde – drückte neulich äußerst vergnügt mit dem Hörer am Ohr auf unserem Telefon herum und gluckste irgendwelche freundlich vernuschelten Worte hinein. Ich dachte, ich steige im Folgenden pädagogisch total einfühlsam und spielerisch auf dieses fiktive Ortsgespräch mit ein, und fragte ihn deshalb: »Na? Mit wem telefonierst du denn da?«

Ziemlich verdutzt ob der anscheinenden Begriffsstutzigkeit seines Erzeugers, schaute er mich einige Sekunden lang an und antwortete schließlich völlig wahrheitsgemäß: »Mit dem Telefon!«

Kinder lassen Erwachsene herzlich gern derart frontal auflaufen, weil wir großen Leute beim bemüht bewussten Einlassen auf die kindliche Welt der Phantasie häufig volle Kanne übers Ziel hinausschießen.

»Ja, da hast du aber einen süßen Teddy, wie heißt denn dein kleiner Bär?«

Häufigste Antwort: »Bär!«

Fragen Sie sich auch manchmal, wer hier eigentlich begriffsstutzig ist?

Kinder sind wahre Anarcho-Kommunikatoren, weil sie sich nicht an unsere verinnerlichten Konventionen halten. Gleichzeitig erlauben sie sich ein Verhalten, das auf den ersten Blick selbst diktatorische Despoten mit schlechten Manieren vollkommen in den Schatten stellt. Haben Sie schon mal ein Kind, das nicht Ihr eigenes ist, freudig mit »Ja, hallo, kleiner Mann, na, wie heißt du denn?« begrüßt? Und dann erlebt, mit welcher Eiseskälte vierjährige Menschlein einen vollständig wort- und reaktionslos mit eisernem Schweigen komplett ins Leere laufen lassen? Herrlich! Bringt auch nix, es weiter zu versuchen mit albernem Quatsch à la »Ja, kannst du denn noch gar nicht sprechen? Sag doch mal hallo zum Onkel Martin.« Sagt er nämlich nicht. Obwohl er es könnte. Die dazugehörigen Eltern winden sich dann zumeist schamhaft und faseln irgendetwas von wegen: »Ja, ist gerade in so einer schüchternen Phase …« oder artverwandtes Relativierungszeug.

Ich habe mich seit einiger Zeit konsequent davon verabschiedet, mich für ausdrucksloses Schweigen meiner Kinder zu schämen. Wer die Kleinen nach ihrem Namen oder ihrem Befinden fragt, soll gefälligst selbst sehen, wie er aus der Nummer wieder rauskommt. Außerdem erkundigen sich meist genau die Menschen, die die Namen meiner Buben ohnehin kennen; insofern haben die drei vollkommen recht damit, auf solch rethorischen Mumpitz überhaupt nicht einzugehen.

Manchmal ist man als Elternschaft aber auch lediglich beeindruckt sowie latent eifersüchtig auf so viel kommunikative Zwanglosigkeit und konventionsbefreite Eigenständigkeit, wie sie die eigenen, anscheinend ausschließlich Lust-und-Laune-gesteuerten Kids an den Tag legen. Wenn Sie im Sparkassen-Kundengespräch gefragt werden, ob Sie sich denn »bereits eine solide Strategie in Sachen Altersvorsoge zurechtgelegt haben«, möchten Sie da den schlecht krawattierten BWLer nicht auch einfach 17 Minuten lang schweigend und regungslos anstarren? Sie könnten ihn natürlich genauso mit einer komplett aus dem Kontext fallenden Äußerung aus der Fassung bringen; und auch dies ließe sich am besten bei kleinen Kindern abschauen.

Mein mittleres Sprachgenie saß auf meinem Arm, als ich, warum auch immer, zu ihm sagte: »Ich bin dein Papa«, worauf er ernsthaft zustimmend hinzufügte: »Ja. Papa. Nich' Orang-Utan. Nur Papa.«

Manchmal weiß ich ehrlich nicht, wer von uns beiden kommunikativ gesehen noch so einiges lernen muss. Vielleicht steht er bereits jetzt kurz davor, die besten Zen-buddhistischen Lehrsätze der Welt zu formulieren, und ich verstehe sie bloß nicht? Ich denke, ich müsste mal eingehend meditieren über »Papa. Nich' Orang-Utan«.

Humoristische Episoden entstehen häufig schlicht und ergreifend dadurch, dass Kinder die handelsüblichen Bedeutungen oder auch spezifischen Wirkungen von Wörtern noch nicht fehlerfrei auf dem Schirmchen haben. Stinkesauer beschimpfte mich mein zweijähriger Sohnemann letztens tatsächlich mit dem unfassbaren Kraftausdruck »Du bist ein blöder Fuchs!«. Das saß, Alter. »Na ja, wenigstens kein Orang-Utan«, dachte ich.

Gerne versucht der Kleine in seiner Wut auch, seiner Mutter etwas echt Provokantes an den Kopf zu werfen. In der Regel kommt dabei so etwas Putziges raus wie: »Du bist verknallt!« Hui, was soll man darauf entgegnen? Hier hat wohl jemand Klang und Bedeutung von Wörtern kurzfristig kreativ durcheinandergewirbelt. Freundlicherweise reagiert meine Frau auf das ihr entgegengeschmetterte »Du bist verknallt!« mit einem gutgelaunten: »Ja, in den Papa!« Das freut mich wirklich sehr, denn ich bin gleichermaßen sehr in sie verknallt. Und wir passen wohl so gut zusammen, weil sie ebenfalls kein Orang-Utan ist.

Unbedingt lustig wird es immer dann, wenn kleine Kinder einzelne Phrasen von Erwachsenen in ihren bodennahen Kosmos integrieren. Kind, den begrünten Wiesenabschnitt eines Spielplatzes entlangrennend: »Papa, komm schnell, der Junge da stirbt, der muss gleich sterben, komm schnell!«

Vater, mehr irritiert als alarmiert: »Sterben? Aber wieso das denn?«

»Er hat ins Gras gebissen.«

Wenn ich manchmal mit einem Bühnentext, einem lustigen Gedankengang oder einem absurden Einfall nicht weiterkomme, frage ich mich kurz: Was würde mein Sohn wohl sagen? Nicht, dass ich das jemals erraten könnte, aber es ermutigt mich, wild zu denken, den bereits gesetzten Rahmen zu verlassen und die ohnehin nur eingebildeten Regeln unserer mentalen Welten zu sprengen. Zumindest ein bisschen; ist ja sonst peinlich. Als wir gemeinsam in Stuttgart waren, sagte er: »Papa, die sprechen hier auch deutsch. Aber falsches Deutsch.«

Kindern – und auch das ist in bestimmten Situationen durchaus ein Vorteil – ist nichts wirklich peinlich, deshalb arbeiten sie auch blendend mit sehr viel gewagteren kommunikativen Fallhöhen als wir Erwachsene. Nach einigen Tagen auf Tournee zu viel begrüßte ich fraglos unpassend, weil total hyperemotionalisiert meinen Sohn in der Garderobe des Kindergartens freudig mit den Worten: »Ja, hallo, mein kleiner feiner Schnupsi-Pupsi-Herzenspatzl-Batzl!«

Worauf er mit latent ausdruckslosem Gesicht erwiderte: »Es gab heute Kroketten …«

Vielleicht würden auch uns vermeintlich großen Leuten mehr ungefilterte Ehrlichkeit und weniger bemüht höfliches Blabla zu mehr Vergnügen im Alltag verhelfen. Sicher, unüberlegte Ehrlichkeit führt nicht immer zum gewünschten Ziel, wie mein Sohn letztens mitten in der Nacht erfahren musste, als er bereits Stunden vor dem eigentlichen Morgen aufstehen wollte.

Vater: »Mein Schatz, schau, draußen ist es stockdunkel, es ist noch Schlafenszeit.«

Sohn (unüberlegt): »Ach so ... ähh ... dann hab ich, glaube ich, Bauchschmerzen.« Ja, ist klar!

In jedem Fall kann man von Kindern lernen, dass das Leben entschieden an Unterhaltungswert gewinnt, wenn man einige Dinge einfach mal anders macht als sonst immer. Fahren Sie doch einmal morgen früh während der Hauptverkehrszeit durch eine Tempo-30-Zone mit, sagen wir mal, ungefähr Tempo 30. Sie ernten augenblicklich ein Hupkonzert und komplett hysterische Visagen, die nicht nur Kinderherzen vor Freude hüpfen lassen.

Oder gehen Sie mal in die Bankfiliale Ihres Vertrauens, warten, bis Sie dran sind, stellen sich dann an den Schalter und sagen laut und richtig schön entrüstet: »Wie? Mein Konto ist voll?« Mit Geld kann man vieles kaufen, solche Momente sind dagegen unbezahlbar. (Okay, danach sollten Sie vielleicht sicherheitshalber einige Wochen ausschließlich auf Online-Banking setzen.)

Und wenn Sie morgen früh aufwachen, und Ihre Partnerin, Ihr Partner oder beide begrüßen Sie mit »Guten Morgen, Schatz«, sagen Sie einfach mal:

»Entschuldigung, kennen wir uns?« Gut, wenn Sie das 14 Tage lang durchziehen, sind Sie halt wieder Single.

Und schreiben Sie mal eine E-Mail. Mit Füller. Die kommt zwar nicht an, bewirkt jedoch ein großartiges Gefühl. Oder gehen Sie zu Ihrem Chef/Ihrer Chefin und sagen, nachdem er/sie einen superwichtigen Deal in Übersee abgeschlossen hat: »Ja, das hassu aber fein demacht, du bissja ein ganz ein feinifeiner Schnutzlputz.« Ein alternatives Beschäftigungsverhältnis sollten Sie nach solch einer Aktion selbstverständlich in petto haben. Oder stellen Sie sich bei sieben Grad Celsius und strömendem Regen mitten im Mai mitten auf die Straße und warnen lautstark vor der globalen Erwärmung.

Ja, unsere Kinder lehren uns, viel mehr angeblich verrückte Dinge zu machen. Lässt man ihnen ein klein wenig Freiraum für ihre fabelhaften Verrücktheiten, sind sie unfassbar witzige Mutmacher für ein sinnvolles Ausbrechen aus dem, was wir Normalität nennen. Und hat man offene Ohren, Augen und Herzen für ihre zentrale Botschaft, kann man diese sogar irgendwann erkennen: Alles geht auch ganz anders. Und vor allem in lustig.

24.

»Papa, wie früh ist es?«
Zeitumstellung

Ja, ich weiß, eine Woche hat sieben Tage und ein Tag bloß 24 Stunden. Und zweimal im Jahr fragen sich alle in Deutschland Lebenden mit komplett deplatzierter Hysterie, zu der wohl nur verwöhnte, wohlstandsverseuchte und von selbstverschuldeter Langeweile zerfressene Zentraleuropäer fähig sind, ob und warum überhaupt die Uhr eine Stunde vor- oder zurückgestellt wird. Meiner Meinung nach eine ganz klare Sache mit einer einfachen Antwort: Ja! Also entweder oder.

Eltern kleiner Kinder leben durchgängig in der Grundüberzeugung, sie hätten Zeit, und zwar viel zu wenig. In gewisser Weise stimmt das auch. Man hetzt von A nach B und kommt dabei zu nix. Und auch das muss man erst mal schaffen. Logisch, Kinder fressen nicht nur Brei und Nudeln, sondern darüber hinaus und in erster Linie Zeit, und zwar restlos auf. Alle klitzekleinen Kleinigkeiten unseres gesellschaftlich formatierten Alltags kosten ohnehin schon Zeit – und mit Nachwuchs eben sehr, sehr viel Zeit. Anziehen, wieder umziehen, Schuhe noch mal ausziehen und richtig rum anziehen, Lieblingshalstuch suchen, Halsverletzungen vom Reißverschlusszuziehen anpusten, Schuhe noch mal ausziehen und Steinchen vom gestrigen Spielplatzbesuch rausholen, Schuhe wieder anziehen und final zubinden – all das sind mit etwas Glück zügige, eingespielte Abläufe, die sich über wenige Minuten erstrecken, mit etwas Pech sind es aber auch nervenaufreibende Prozesse von mehreren Stunden. Ob das Ganze stresst, hängt freilich davon ab, ob man die vielbeschworene Zeit hat oder eben nicht.

Ich würde meine Hand dafür ins Osterfeuer legen, dass der beliebteste, wenn auch nur schwer zu erfüllende Geburtstagswunsch aller Eltern Zeit ist – einfach mehr Zeit. Denn natürlich kann ich mich auch als dreifacher Vater nach wie vor ganz wunderbar mit alten Freunden treffen, ins Kino gehen oder mich zum Sport im Park verabreden. Halt exakt einmal im Jahr, und dann alles gleichzeitig. Schon beeindruckend, wie ich als hipper und total moderner Papi laute Unterhaltungen führend und mit einem Kaffee to go bewaffnet durch den Kinosaal jogge.

Seien wir jedoch ehrlich: An Zeit würde es uns als Elternteilchen genauso mangeln, wenn der Tag 36 Stunden hätte. Denn in Wahrheit haben wir ja Zeit – viel Zeit und vielleicht sogar gerade die beste unseres Lebens. Sicher, man geht nicht mehr verkatert und vom nächtlichen Tanzen gezeichnet lässig zum Brunch für zwei, drei Konter-Prosecco. Und ja, auch ich finde einfach nicht mehr die Zeit, mich aus Lust und Laune einfach mal drei Wochen lang ausschließlich mit sämtlichen Folgen »Akte X« im englischsprachigen Original zu beschäftigen. Es lohnt sich, stattdessen einzusehen, dass in kleinkindliche Pappenheimer investierte Lebenszeit eben nicht als fehlende, sondern ganz im Gegenteil als zutiefst gelebte Zeit zu begreifen ist. Nichts gegen die ungelösten Fälle des FBI oder Billigsekt beim Spätaufsteherfrühstück, aber daheim hat man ja irgendwie auch außerirdische Lebewesen, vor denen man sich manchmal gruselt. Und total verkatert fühle ich mich sowieso immer, auch völlig nüchtern.

Nicht nur Amerikaner und Australier, auch kleine Kinder leben gewissermaßen in einer völlig anderen Zeitzone als ich. Deshalb kommt es in Fällen des Kontakts mit ihnen auch gleichermaßen zum Phänomen des Jetlags. Da die kleinen Racker nicht so sehr wie wir dazu neigen, sich selbst ständig auf Zukünftiges zu vertrösten oder gar Pläne für nächste Woche Mittwoch zu machen, ist ihr zeitlicher Horizont nahezu punktartig. Sie befinden sich weitgehend unverrückbar im Hier und vor allem im Jetzt. Deswegen ist die häufigste Entgegnung kleiner Kinder auf elterliche Sätze, in denen die Worte »gleich«, »nachher«, »später«, »übermorgen«, »irgendwann« oder »mal gucken« vorkommen, auch verständlicherweise: »Nein, jetzt!« Insgesamt ist das zeitliche Koordinatensystem von Kindern unter fünf Jahren ungefähr so flüssig wie Wackelpudding ohne Geliermittel. Für meinen zweieinhalbjährigen Sohnemann beispielsweise ist alles, was er an bemerkenswerten Erlebnissen der letzten Jahre thematisiert, »gestern« passiert: ich hingefallen, ich bei Oma gewesen, ich geboren, ich Brokkoli runtergeworfen. Und es stimmt ja: Gemüse auffegen und Minimensch aus dem Krankenhaus abholen – all das weiß ich noch, als sei es tatsächlich erst gestern gewesen.

Denn mit Kindern rast bekanntlich die Zeit, die man gar nicht hat, nur so an einem vorbei. Und ich gebe zu, wenn mir Leute angesichts meines prall gefüllten Terminkalenders raten, ich solle doch auch mal ruhiger machen, ein wenig entschleunigen, dann denke ich sofort: »Ja, ja, Entschleunigung, super Sache – aber schneller, ich muss viel, viel schneller entschleunigen!«

Was diesbezüglich seltsam ist: Ich könnte wahrscheinlich meine Familie und mich selbst auch dann noch ernähren, wenn ich nur sechs Auftritte im Monat spielen würde. Mache ich aber nicht, ich trete viel, viel häufiger auf, und das willentlich. Stellen Sie sich vor, was ich mit der ganzen freien Zeit alles Sinnvolles anfangen könnte: mich in der Flüchtlingshilfe engagieren beispielsweise. Allerdings machen das aktuell sicher viele, und ich finde, man braucht schon was Eigenes, um sich auch karitativ selbst zu verwirklichen. Ich könnte in Köln beim Obdachlosenfrühstück helfen, denn das gibt es zum Beispiel in Düsseldorf gar nicht. Bei denen heißt das Brunch. Ich könnte benachteiligten Kindern Nachhilfe geben – vielleicht sogar den eigenen.

Könnte ich alles tun, doch in den Augen unserer Gesellschaft bin ich interessanter und gewissermaßen wertvoller, wenn ich einfach weitermache wie bisher: noch ein Auftritt, noch eine Tournee, ab ins Fernsehen, ab ins Radio, noch ein Programm, noch ein Interview, immer zweihundert Prozent, immer alles mitnehmen. Und sich dann abends auf der Bühne über egomane Wirtschaftsbosse lustig machen. Dabei ist man selbst quasi einer geworden. Das Gute ist: Mein Burn-out ist total beliebt und heißt Kabarettkarriere.

So ist für mich der Weg der nächsten Jahre schon fest durchgeplant. Ich sehe es bereits vor mir: 2020, der Zusammenbruch, ab in die Reha, Lebensbeichte bei Giovanni di Lorenzo, dann Home-Story für die *Gala*, erstes Fotoshooting, und zack: Comeback-Tournee durch die großen Hallen der Republik mit meinem neuen Programm »Ein Burn-out kommt selten allein«, in welchem ich meinen Absturz humoristisch verpackt zu Geld mache. Die *Süddeutsche* schreibt: »Zingsheim zurück und besser denn je!«

Vielleicht stören ja gar nicht die Kinder die Karriere, sondern es verhält sich in Wahrheit andersrum. Bis ich meine erste Million verdient und leichtfertig wieder ausgegeben habe, sind die drei im Zweifel erwachsen und ich nur noch mit meinem Psychologen wirklich eng befreundet. Papa ist vielleicht kein Hassprediger, aber hetzen tut er trotzdem wie Sau.

Selbstverständlich müssen auch Kinder nach und nach lernen, was »morgen«, »übermorgen«, »in ein paar Monaten« oder »im Jahr 2058 vielleicht« bedeutet und dass man für das Anziehen von Schuhen nicht mehr als drei Tage veranschlagen kann. Aber vielleicht können sich Eltern und Nachwuchs ja von Zeit zu Zeit irgendwo in der Mitte ihrer unterschiedlichen time schedules treffen? Du, mein kleiner Pupsi, merkst dir jetzt mal, dass wir nicht gleich, sondern eben erst im Juni in Urlaub fahren und dass in Wahrheit nicht alles gestern war, sondern dass zwischen deiner Geburt und der Zerstörung eines Brokkoli-Röschens fast drei Jahre liegen. Dafür gewöhne ich mir ein wenig ab, mit meinem Kopf immer schon halb im Morgen und Über-

»Die Gegenwart ist ein ausdehnungsloser Punkt, der für Erwachsene als nahezu unzugänglich zu bezeichnen ist. Kinder dagegen verstehen es, mit einem absoluten Minimum an Vergangenheit und Zukunft sich gleichsam innerhalb einer bierdeckelgroßen Gegenwart zu bewegen.« Hasso Zeit: *Die Ontologie der Augenblicklichkeit im Kontext differenter Gegenwartskonzepte bei Kindern, Jugendlichen und Erwachsenen aus existenzialphilosophischer Sicht.* Stressmig 2007, S. 52

übermorgen zu hängen, anstatt mit dir voll und ganz

mal kurz im absoluten Hier und Jetzt Klötzchen zu bauen.

Musiktherapie wäre eine andere Form von Lösung, wie ich im folgenden Kapitel zu zeigen versuche.

25.

Lalala

Kinder und Musik

Selbst in den Situationen, in denen Eltern und Kinder auf den ersten Blick ein und derselben Tätigkeit nachzugehen scheinen, wie zum Beispiel Bilderbuch gucken, mit Klötzchen bauen oder herumschreien, machen sie in Wahrheit nicht wirklich dasselbe. Denn zumindest im jeweils eigenen Kopf spielen sich im Zweifel höchst unterschiedliche Repräsentationen und Interpretationen des gerade stattfindenden Vorgangs ab. Meine These ist – und ich entschuldige mich jetzt bereits herzlich bei allen Liebhabern hektischer Kinderhörspiel-CDs, TV-Junkies und Kinderradiofans –, dass sich große und kleine Menschen bei wahrscheinlich keiner einzigen Beschäftigung auf Erden so nahe – im Sinne von so sehr einander angenähert – sind wie beim gemeinsamen Musizieren. Fraglos läuft Musikmachen in Ermangelung instrumentalpraktischer Kompetenzen in der Regel maximal auf Singen hinaus, das macht aber nichts. Wenn man beispielsweise Hackbrett und Dudelsack zugrunde legt, ist kein Instrument ja manchmal sogar angenehmer als zwei.

Sicherlich kann man mir als Musiker vorwerfen, dass ich es mir hier gerade sehr einfach mache und schlicht und ergreifend das, was ich selbst täglich tue, praktischerweise als Erfolgsrezept ausweise. Stimmt, mag sein, aber selbst ganz objektiv betrachtet eignen sich Jura, Parapsychologie und Genozidforschung doch etwas schlechter, um kleinen Kindern das eigene Berufsfeld ein wenig näherzubringen beziehungsweise, um gemeinsam einmal was Nettes zu machen.

Eltern und Nachwuchs nähern sich in einigen Themengebieten ja gern mal einander an; so reden kleine Kinder häufig *noch* und ihre Eltern mittlerweile *wieder* Unfug. Im musikalischen Bereich bewegt man sich mit etwas Glück hingegen sinnvoll aufeinander zu.

Ein Kind, das mit seinen kleinen Öhrchen beginnt, gespannt zu lauschen, ein kleines Menschlein, das mit seinem Engelsstimmchen zu singen anfängt, wächst gewissermaßen über sich selbst hinaus. Die trällernden Fuzzis stolpern zwar noch ungelenk durchs Leben, haben lebenserhaltende Ratschläge schon nach Sekunden wieder vergessen und können beim allerkleinsten Mumpitz in tränenreiche Verzweiflung ausbrechen, aber im Fachgebiet »lalala« staunt man manchmal nicht schlecht, wie sie mehrstrophiges Liedgut mit nahezu korrekten Intervallen samt halbwegs passendem Text problemlos memorieren. Gut, von Zeit zu Zeit entsteht auch mal ein latent sonderbarer Remix aus Adventslied und Karnevalsgesang, wenn laut meines singenden Söhnchens angeblich »dat Trömmelsche durch ein Dornwald ging«. Aber wer weiß – ich war ja damals auch nicht dabei ...

Gleichzeitig sind Musik und Gesang für Erwachsene die vorzüglichsten Methoden, um selbst wieder ein bisschen wie ein Kind im tatsächlichen Augenblick zu leben. Dank einer weitgehend gesamtgesellschaftlichen Vernachlässigung musischer Fertigkeiten sowohl in staatlichen Schulen als auch im weniger staatlichen Privatleben befindet man sich als Elternteil glücklicherweise auf praktisch demselben musikalischen Kompetenzniveau wie die eigenen Zöglinge. So ist es stets spannend herauszufinden, wer zumindest noch die zweite Strophe von »Der Mond ist aufgegangen« halbwegs zusammenkriegt. Und da man als Erwachsener die meisten ethisch vertretbaren Kinderlieder nicht mehr auf dem Schirm hat (oder noch nie auf demselben hatte), macht man im Kontext von Trällern, Pfeifen, Klatschen, Summen und Singen im Grunde das einzig Sinnvolle, was Eltern, Kinder und ganz allgemein Menschen miteinander machen können: gemeinsam lernen. Bei so viel sonstiger Differenzierung, Hierarchie und Trennung im Leben macht ein klein wenig Augenhöhe vor allem auch noch eines: ordentlich Spaß.

Zugegeben, wenn Kinder erst einmal verdammt viel Freude am ständigen Singen haben, sind sie leider recht schnell auf einem äußerst beachtlichen Lautstärkeniveau angelangt. Leicht ohrenbetäubt, beginnt man als Vater und Mutter sogleich damit, ausgiebig den Unterschied zwischen Drinnen- und Draußenstimme zu erläutern. Darüber hinaus repetiert mein Sohn manchmal über mehrere Wochen in Dauerschleife ein und denselben Ohrwurm, so dass schlussendlich sogar ich abends auf der Bühne durcheinanderkomme und einmal um ein Haar anstelle des Songs über Mittelaltermärkte das Lied vom tanzenden Bi-Ba-Butzemann zur Aufführung gebracht hätte.

Sorgen um die eigene vermeintlich unterirdische Gesangsqualität oder die angebliche Abwesenheit jeglicher Musikalität mache man sich freilich gar nicht erst; denn Kinder haben glücklicherweise einen sehr viel weiteren Kunst- und Musikbegriff als wir konservativen Konventionalisten mit unseren schrecklich langweiligen Vorstellungen von richtig und falsch, von gerade und schief, von unregelmäßig und rhythmisch korrekt. Spießige Langweiler sind wir, das ist alles. Kinderohren dagegen sind herrlich unvoreingenommen und nehmen Mozart als ebenso wunderschön wahr wie apokalyptischen Krach mit Kochtöpfen.

Als ich meinen mittleren Musikus einmal mittags aus der U3-Gruppe abholte, tanzten gerade fünf

Zwerge mit Triangel, Holzstäben und kleinen Becken bewaffnet durch den Raum und riefen freudig: »Wir machön Musiiiiek, sinne ein Ortesta!« Das klang vom Gesamtergebnis her in etwa so, als hätte der frühe Stockhausen eine alte Sonic-Youth-Platte für Schlagzeugensemble adaptiert, aber allemal um Längen besser als die letzten drei Songs auf 1LIVE, die ich mir beim Einparken anhören musste.

Natürlich kann man es mit dem Geträller als Vater auch übertreiben. Als ich meinen Jungs während einer Autofahrt vorschlug, gemeinsam ein Lied zu singen, bekam ich als Antwort ein entschiedenes: »Nein, nich schon wieder diese Bi-Ba-Butzemann, guck mal, ob im Radio eine richtige Band is!«

Schon gut, dann guck ich da halt mal rein, ins Radio. Man sehe auch dies positiv, denn hat man die Kleinen bereits mit einer Überdosis Lieder über schwimmende Entchen, in Gruben hockende Häschen und durch den Schnee laufende Katzen akustisch vollgepumpt, kann man sich ohne schlechtes Gewissen auch mal Guns 'N' Roses' »Paradise City« auf dem Weg zum Kindergarten reinziehen, kopfschüttelnde Volvo-Fahrer an der Ampel neben einem inklusive. Die hören natürlich pädagogisch angeblich voll ausgetüftelte Kinderhörspiele, von denen, ehrlich gesagt, sogar ich als Erwachsener in Sekundenschnelle leicht epileptisch werde.

Glücklicherweise starten unsere Kindergartentage in der Regel mit einer kurzen Gesangsession für Kinder wie auch Eltern, so sie nicht schon auf ihrem BlackBerry ins Büro reiten. Nach fünf Liedern, die einem auf unterschiedlichste Weise klarzumachen versuchen, wie schön und herrlich und frisch der frühe Morgen angeblich ist, glaube ich beim Rausgehen latent heiser fast selbst, dass das irgendwie stimmen könnte. Ich würde das morgendliche gemeinsame Trällern gern mal bei Großkonzernen als preiswerte, effiziente, inspirierende und kostensparende Alternative zu Meetings, Incentives und Afterwork-get-to-know-each-other-sit-ins anbieten. Aber solange wir keinen sexy englischen Namen für dieses Tirilieren haben, scheint das eher aussichtslos. Vielleicht »Sit-down-and-sing-along-best-practise-workshop 3000«? Könnte klappen. Wer weiß, was dieses Zwanzig-Minuten-Seminar bei Google, Telekom und Ford am Ende für Kreativitätsschübe auslösen würde? Vielleicht kommen sie am Ende tatsächlich auf so verrückte Ideen, wie ein Auto zu bauen, bei dem man noch selbst eine Glühbirne in der Frontleuchte auswechseln kann, telefonische Kundenbetreuung mit Gesprächspartnern vom Fach oder sogar Datenschutz im Internet.

26.

Kinder machen, Bücher lesen
Bücher machen, Kinder lesen

Kinder machen und Bücher lesen gehören zu den schönsten Dingen, die Natur und Kultur uns ermöglichen. Umgekehrt ist es deutlich schwieriger. Wohl aus gutem Grund werden sogar heutzutage noch deutlich mehr Bücher gelesen als verfasst, jedenfalls hoffe ich das. (Okay, wahrscheinlich ist es andersherum.) Und ob man Kinder mit ähnlich viel Verstehensverlässlichkeit lesen kann wie ein Buch, wage ich zu bezweifeln; dennoch kann und sollte man es unbedingt versuchen.

Ein Buch mit der Absicht aufzuschlagen, es zu lesen, bedeutet unter anderem, sich willentlich, quasi sehenden Auges auf eine fremde Welt einzulassen. Eine Welt, deren Regeln und Strukturen einem noch weitgehend unbekannt sind; eine Welt, die ungeahntes, nahezu unfassbares Glück wie ebenso unglaubliche Abgründe bereithalten mag. Gleichwohl formt die Leserin, der Leser eine jede Zeile, eine jede Passage und schließlich die gesamte Geschichte während des Lesens immer auch mit durch seinen und ihren jeweils ganz eigenen subjektiven Kopf. Ein vermeintlich fremdes Buch kann meines werden – meine eigenen Gedanken können mir urplötzlich selbst fremd erscheinen.

Ein Buch ist auch nur dann wahrhaftig in der Welt, wenn es wahrgenommen wird. Und sich auf ein Buch interessiert und liebevoll einzulassen heißt, offen zu sein, die jeweils eigene Sicht der Dinge als lediglich nur eine unter Milliarden anderen zu verstehen.

Vielleicht wäre unsere Einstellung gegenüber Büchern nicht die schlechteste Haltung im Hinblick auf unsere Kinder. Oder auf Menschen im Allgemeinen. Der Vergleich hinkt natürlich, denn allein hinsichtlich der täglichen Lautstärkeverhältnisse daheim kommen Kinder eher aufwendig produzierten Action-Filmen gleich.

Eines möchte ich im Zusammenhang mit Büchern ganz grundsätzlich festhalten: Für mich als kleines Kind war eines der faszinierendsten Dinge in unserem Wohnzimmer das Bücherregal meiner Eltern. Es stand dort wie ein geheimer, von mir noch nicht wirklich entdeckter Schatz – eine geradezu mystische, geheimnisvolle Ansammlung mal großer, mal kleiner, mal dünner, mal kaum zu tragender dicker Schriftstücke; eine seltsame Welt aus rätselhaften Buchstaben und verschiedensten Sorten Papier. Romane standen da neben alpinen Wanderkarten, zwei

Weinführer stützten eine Autobiographie, direkt daneben befand sich ein Rezeptband für Aufläufe und immer für nur kurze Zeit die Fernsehzeitung von letzter Woche.

Ja, ich weiß, wir würden tonnenweise Rohstoffverschwendung sparen und im Zweifel den Regenwald retten, würden wir endlich dazu übergehen, sämtliche Literatur auf elektronischen Endgeräten zu konsumieren. Den geheimnisumwobenen Reiz einer mit Büchern prall gefüllten Schrankwand ersetzt das allerdings bei weitem nicht.

Von Zeit zu Zeit habe ich mir als Kind das eine oder andere Buch – mit Vorliebe die dicken Schinken – herausgeholt und durchgeblättert, insbesondere eines mit griechischen und römischen Sagen. Nicht, dass ich davon auch nur irgendetwas verstehen, geschweige denn hätte lesen können, aber auf den seltsamen Abbildungen von Amphoren gab es hier und da nackte Menschen mit riesigen Speeren und winzigen Pipimännern zu sehen. Manchmal sind es doch die kleinen Dinge im Leben, die einem Freude bereiten.

Vielleicht bin ich, was schriftliche Erzeugnisse angeht, einfach bloß hoffnungslos retro bis hochgradig anachronistisch, denn die Zeiten haben sich bekanntlich längst geändert. Neulich erzählte mir ein Freund, seine vierjährige Tochter habe selbständig das Smartphone ihrer Mutter entsperrt und mit Hilfe der Sprachassistentin Siri ihrem Vater eine

SMS geschickt. Respekt, das hat natürlich auch was! Ich nehme an, wenn sie Hunger hat, schreibt sie ihren Eltern eine E-Mail.

Immer wieder gerne wird zudem von allen Seiten gefordert, man solle Kinder doch bitte schön Kinder sein lassen (leuchtet einem sprachlich ja auch irgendwie unmittelbar ein). Man solle Kinder nicht ihrer Kindheit berauben und sie auf keinen Fall so unglaublich früh und zeitintensiv mit Anforderungen, Leistungsansprüchen, Hobbys und Verpflichtungen bombardieren, wie das derzeit häufig geschieht. Das ist zweifelsohne ein berechtigter Wunsch. Wer es dagegen scharf findet, sich ein Kind zu dressieren, das bereits im Vorschulalter beachtliche Fertigkeiten in Astrophysik und Zehnkampf, in Kalligraphie, Karate und Gambenspiel aufweist, sollte wohl bereits seinem Neugeborenen vorsichtshalber die korrekte Bedienung eines Google-Kalenders vermitteln. (Achtung: Man nehme für die Kalendereinträge »Hockey« und »Horn« unbedingt verschiedene Farbtöne, sonst steht man am Ende mit einem Holzschläger in der Musikschule und fragt sich, warum kein Pass ankommt.)

Zeitgleich mit dieser beunruhigenden Vererwachsentlichung unserer Kinder beobachte ich noch ein anderes, nicht weniger verstörendes, aber immer häufiger auftretendes Phänomen: Erwachsenes Humanmaterial scheint mir im Gegenzug mehr und mehr wie ahnungs- und komplett hilflose Kleinkinder behandelt zu werden, so, als müssten wir bei jedem alltäglichsten Pipifax von irgendwelchen staatlichen oder wirtschaftlichen Institutionen an die Hand genommen werden, um uns in dieser ach so komplexen Wirklichkeit zurechtzufinden. Fahrstühle, die an Bahnhöfen arschlangsam zwischen exakt zwei Ebenen, nämlich Bahnsteig und Nichtbahnsteig auf- und abschweben, haben allen Ernstes elektronische Durchsagen, die einem glücklicherweise direkt nach dem Einstieg und selbstverständlich auch unmittelbar vor dem Ausstieg erklären, wohin diese spannende Abenteuerreise denn diesmal geht. Klar, ich erinnere mich noch, wie ganze Gruppen von Senioren früher, bevor es diese tollen Ansagen gab, stundenlang und völlig orientierungslos zwischen Gleis und Unterführung beinahe verlorengingen …

Ebenso wird stets auf den spektakulären Höhenunterschied zwischen ICE-Treppenstufe und Bahnsteigkante hingewiesen, den man allerdings als Besitzer von Augen wie sogar als Blindenhund bestens selbst erkennen kann. Und auf diversen Bierflaschen ermahnt uns ein Hinweis, das sich darin befindende Getränk verantwortungsbewusst und in Maßen zu konsumieren, anstatt uns selbst entscheiden zu lassen, ob wir uns gerade eine alkoholfreie Erfrischung, ein kleines Feierabendbierchen oder aus vielerlei Gründen total die Kante geben wollen. Nicht zu vergessen, dass wir im Internet ständig aufgefordert werden, irgendetwas zu wiederholen, zum zweiten

Male einzutippen – als sei man nicht in der Lage, so ein verkacktes Passwort halbwegs korrekt nieder- zuschreiben. Beim Frühstück im Hotel steht vor dem Tellerchen mit den Gurkenscheiben häufig ein klei- nes Schild mit der unfassbar notwendigen Informa- tion: »Gurkenscheiben«. Puh, Glück gehabt, ich hielt das Zeug schon einige Male für sehr, sehr altes Rührei. Darüber hinaus sehe ich in Deutschland immer wieder Schilder, die vor Gewässern warnen, und zwar – Sie erraten es vielleicht – direkt am Fluss- ufer, also genau dort, wo man mit den Füßen schon fast drinsteht im kühlen Nass. Ich warte stündlich auf das Erscheinen mehrsprachiger Herstellungs- anleitungen für Spiegeleier. Dass Studentenfutter gegebenenfalls Spuren von Nüssen enthalten kann, wurde mir zum Glück bereits ausgiebig erläutert.

Ja, lassen wir Kinder Kinder sein. Aber mündige selbstbestimmte Erwachsene müssen ja nicht gleich auch wieder zu Kindern mutieren. Ob dieser ständi- gen Bevormundung wollte ich neulich schon diverse Beschwerde-E-Mails verfassen – habe dann aller- dings mein Passwort dreimal falsch eingegeben.

Zu guter Letzt ist fraglos sogar der Buchmarkt ein treffliches Indiz für meine These einer voranschrei- tenden Überforderung von Kindern wie auch einer heillosen Verunsicherung der Eltern. Ungezählte Neuerscheinungen bemühen sich, entweder die Eltern zu beraten, zu coachen und pseudowissenschaftlich zu unterfüttern oder die Kinder für ihre in Wahrheit weitgehend unplanbare Zukunft mental auszurüsten, in beiden Fällen notwendigerweise flankiert von apokalyptischen bildungsthematischen Horrorszenarien. Wie bei fast allen Produkten ist der Faktor Angst der wohl verkaufsförderndste überhaupt. Aber gut, ich gebe zu, wer im Glashaus sitzt ... beziehungsweise schreibt ... schon gut, lassen wir das.

Apropos Angst: Ich habe neulich Gold gekauft. Und Silber. Nicht gleich tonnenweise, aber immerhin. Dabei lebe ich von jeher eigentlich recht sorglos in den Tag oder maximal in die Woche hinein. Aber die ökonomische wie lebenslängliche Verantwortung für drei kleine Jungs macht anscheinend auch unbedarfte Sonnenkinder wie mich hyperempfänglich für den Stachel der Sorge und der Zukunftsangst. Krisen, Krieg, Flucht, Vertreibung? Scheiß doch drauf, ich habe meine zwei Unzen! Mir kann keiner mehr was.

Dabei ist der Wunsch, sich als Elternteilchen tatsächlich kompetent im Sinne von »der Sache gewachsen« fühlen zu wollen, ohnehin illusorisch. Würde man mit dem Nachwuchszeugen und Kinderkriegen warten, bis man sich als tatsächlich ausreichend reif dafür hielte, würden nicht nur in Ostdeutschland ganze Ortschaften komplett aussterben. Auch Bücher schreiben kann man eigentlich nicht wirklich, es sei denn, man schreibt eins. Und wie beim Kindermachen gilt: zur Not halt ein doofes! Das ist bei näherer Betrachtung natürlich Unfug.

Selbstredend gibt es keinerlei doofe Kinder. Erwachsene allerdings schon – irgendetwas geht auf dem Weg von der Geburt zum Führerschein eben verloren beim Menschen.

Übrigens komisch: Seitdem ich Kinder habe, hasse ich Menschen. Das ist vielleicht ein wenig überspitzt formuliert, beschreibt aber doch ganz gut, wie sehr der Nachwuchs den vormals weltoffenen, weiten und toleranten Horizont der Eltern manchmal eklatant begrenzt und zu einer bisweilen furchteinflößenden Verengung der Perspektive auf den minikleinen Bereich eigener familiärer Interessen führt. Wahrscheinlich gibt es ähnlich wie bei Gold auch eine bestimmte Menge Liebe auf diesem Planeten, die in ihrer Gesamtheit ziemlich konstant bleibt und lediglich immer neu verteilt wird. Hat man einen großen Klumpen überbordender Liebe zur eigenen frischgebackenen Familie erworben, so fehlt exakt diese Menge an Love, Peace & Harmony offenbar automatisch an anderer Stelle.

Dass Eltern in keiner Weise auch nur halbwegs objektiv auf ihre Nachkommen blicken, wird einem spätestens dann klar, wenn man sich drei, vier Jahre später mal wieder Fotos anschaut, die dieses Äffchen kurz nach der Geburt zeigen. Zutiefst war man beim Anblick jenes kleinen Bündels Leben seinerzeit davon überzeugt, dass es von unfassbarer Schönheit, von geradezu umwerfender ebenmäßiger Perfektion und überhaupt das ästhetische Ideal eines Babys schlechthin war. Nun blickt man auf diese gar nicht mal so alten Bilder und muss zugeben, dass dieses liebenswerte Fleischbällchen in Wahrheit als ein ziemlich verdötschter, zerknautschter und verschmierter Geselle ohne Kopfbehaarung daherkam. Macht nichts, man selbst sieht auf den Krankenhausfotos nämlich auch reichlich seltsam aus: recht unausgeschlafen, übermüdet und zerknittert, jedoch in allererster Linie komplett verstrahlt vor lauter Glück, als habe man nicht bloß ein gesundes Kind zur Welt gebracht (bekommen), sondern zur Feier des Tages auch noch zwei, drei Joints gebaut und durchgezogen. Und vielleicht war das ja auch so – ich kann mich nicht mehr erinnern …

Wie versprochen, ist dieses Buch kein Ratgeber. Auch wenn es zwischendurch mal danach geklungen haben mag. Kann man nix machen – es ist eben irgendwie verlockend, stets von sich auf andere zu schließen. Und einen tatsächlich ernstgemeinten Rat habe ich zum Schluss doch noch parat: Wenn Sie selbst ein Kind oder mehrere Kinder haben, dann schreiben Sie doch mal ein Buch über die kleinen Fuzzis. Sie werden staunen, wen Sie da bei sich zu Hause wohnen haben. Und über sich selbst wundern würden Sie sich sicherlich auch. Außerdem verspüren auch Sie doch bestimmt dieses kleine Kind in sich drin, das laut ruft: »Bücher über Kinder? Pah! Das mach ich alleine, ganz alleine.« Seien Sie nur am Ende bloß nicht stolz wie Oskar, okay?

Schließlich möchte ich noch anmerken, dass selbstredend auch alle Menschen ohne Kinder denselben existentiellen Fragen, wie sie in diesem Buch gestellt wurden, in ihrem Leben ausgesetzt sind. Nur mit Freizeit eben. ☺

*Fraglos ein Krankenwagen. Zentrale Aspekte für jedes kleine
Kind sind in diesem Zusammenhang, wie man unschwer erkennen kann, Licht- und Blinkelemente sowie die Bereifung.*

Epilog

20 years later – Return of the living Dad

Ich weiß, Zeitreisen sind gegenwärtig noch etwas aufwendig und insbesondere recht kostspielig. Aber da sich die Vergangenheit nun mal immer erst dann halbwegs verstehen lässt, wenn sie genau das bereits tatsächlich ist, also wahrhaftig vergangen, wäre ein Blick in jene noch im Nebel liegende Zukunft so herrlich lehrreich. Und ahnen wir Eltern nicht alle irgendwie, und zwar recht detailliert, dass irgendwo und irgendwann dieser Moment kommen wird, da man die Brut wieder um den heimischen Herd versammelt und sich unweigerlich fragen wird: Oh mein Gott, was habe ich getan? Wer sind diese Leute? Wer, bitte, hat die denn großgezogen?

Ich jedenfalls sehe es bereits vor mir: zwanzig Jahre später, Weihnachten 2036. Die Kinder, die nun keine mehr sind, aber dafür Anfang bis Mitte zwanzig, konnten mit hohem suggestiven Aufwand seitens der beachtlich gealterten Elternschaft zu einem weiteren familiären Event anlässlich der Geburt des angeblichen Heilands überredet werden und bevölkern erfrischend missgelaunt den Tisch. Mama und Papa, die nunmehr nur noch selten so genannt werden, hängen seit den frühen Morgenstunden in der Küche ab und vermasseln vor lauter emotionaler Aufgeregtheit um ein Haar die Safran-Quinoa-Kringel mit Petersilienschaum, die es als Vorspeise geben soll. Sogleich entfacht der wohlgenährte mittlere Bub eine kulinarische Diskussion darüber, dass es in diesem verstrahlten Ökohaushalt nach wie vor diesen unsäglichen veganen Lupinenhackbraten mit Artischocken-Dinkel-Talern an Heiligabend gibt anstatt, wie er einzufordern nicht müde wird, tatsächliches Essen. Klar, kann man als Eltern verstehen, hat der liebenswürdige Pausbackenbesitzer doch bereits im Alter von sechzehn Jahren die Schule geschmissen und aus Protest gegen sein vegetaristisches Elternhaus die Metzgerlaufbahn eingeschlagen. Dass er auch dieses Jahr unter dem mit selbstgesammelten Muscheln dekorierten Tisch heimlich mit Mettwürstchen dealt, ist uns leidlich bekannt und wird um des lieben Friedens willen ignoriert.

Über den eigenen kulinarischen Schatten springen und die prall gefüllten Schweinsdärme einfach mitmampfen bringt im Übrigen rein gar nichts, da einem dann sogleich vom dienstältesten Sohnemann, einem melancholischen Philosophiestudenten im mindestens elften Semester, argumentative sowie moralische Inkonsistenz vorgeworfen wird. Dieser tut derweil vornehm, als nippe er vorsichtig und zurückhaltend am Rotwein, obwohl jeder am Tisch weiß, dass lediglich er sich bereits vor dem Hauptgericht dreimal nachgegossen hat. Er hatte sich als kleines Kind primär für Malerei und Geigenspiel begeistert, beides aber zunehmend willentlich vernachlässigt, mit der Begründung, sein Vater neige beim täglichen Musizieren sowie im Kontext künstlerischer Tätigkeiten ganz allgemein zu einer gewissen Cholerik. Was für ein Schwachsinn, verdammte arschverkackte Kackkackscheiße!!!

Seit etwa drei Jahren bestehen die ohnehin seltenen Gespräche mit ihm lediglich aus semimilitant geführten Argumentations- und Beweisketten, die er spätestens seit der Philosophie-Zwischenprüfung zweifelsohne dreimal besser als seine beiden Erzeuger beherrscht. Dass wir beispielsweise mit unserem krankhaften Festhalten an adventlichen wie weihnachtlichen Traditionen und Ritualen ohnehin nur eine pseudoaufgeklärte Variante eines tatsächlichen Atheismus lebten und so als Teil der schweigenden Mehrheit den Machtanspruch der tradierten Schriftreligionen sehenden Auges weiter verfestigten, ist eine uns bereits vertraute Platte, die er an Heiligabend dennoch mit Vorliebe auflegt. Unter Umständen, weil er recht hat.

Die Eltern wuseln inzwischen fahrig zwischen Küche und Esszimmer hin und her, latent hektisch, da von einem derart reich besetzten Tisch mittlerweile organisatorisch überfordert, und machen ansonsten das, was sie seit etwa zehn Jahren nahezu ausschließlich tun: nämlich von früher erzählen. »Ja, hast du denn die Geige mal wieder ausgepackt? Hach, Gott, die ganzen toten Tiere, wie geht's dir denn emotional damit, Schatz?«

Die Antwort ist ein einsilbiges »Nein« beziehungsweise »gut«.

Anschließend fragt der Große, ob der Herr Vater nach seinen drei Erfolgsbüchern über frühe Kindheit, Schule sowie den Sprachgebrauch von Jugendlichen eigentlich plane, auch mal ein Buch ganz allein, gewissermaßen selbständig zu schreiben, anstatt bloß gut zuzuhören und postwendend alles aufzuschreiben. Augenscheinlich hat er den Umstand, dass seine Kinderzeichnungen ohne seine Zustimmung in der Erstausgabe Verwendung fanden, nach wie vor nicht verkraftet.

Mittlerweile gibt es zum Nachtisch laktosefreie Crema Catalana mit flambiertem Stevia als fast schwarzer Knusperkruste. »Passt ja ganz gut zu Mettenden«, denke ich, frage: »Schmeckt's euch, ihr Lieben?«, und bekomme ein entschiedenes »Alter, seit wann interessiert's dich?« zurückgeschleudert.

Der Esszimmertisch ist auch deshalb beachtlich bevölkert, da der Jüngste ohne jegliche Rücksprache seine neue Freundin mitgebracht hat, die von den zwanghaft freundlich dreinblickenden Eltern mit »Ähh, ja, ach, wie schön, hallo, Sophie« begrüßt wird. Leider heißt die am Hals auffällig tätowierte Tante in Wahrheit Nora, und so ist gleich zu Beginn die Stimmung recht nahe des Gefrierpunkts – Sophie war letzte Woche. Hätte Mama wissen können, dafür müsste sie allerdings ihren InternationalMega-VoiceMessenger korrekt ins WLAN einloggen können. Tatsächlich benutzen die alten Gruftis jedoch nach wie vor dieses alberne WhatsApp von vor einem Vierteljahrhundert.

Sorgen bereiten den Eltern allerdings weniger die wechselnden Liebschaften ihres kleinen Fuzzis als vielmehr die Tatsache, dass dieser sich seit etwa sieben Jahren nahezu vollständig auf seinen heißgeliebten Motorsport im Bereich Rallye konzentriert. Dass sein Vater dies von Anfang an als »längst überkommene Konstruktion von Männlichkeit, gepaart mit lärmender Umweltverschmutzung und Ressourcenverschwendung« bezeichnet hat, ließ seine Faszination fraglos nur noch größer werden. Vor etwa zwei Stunden kam er daher völlig absichtlich komplett ungeduscht direkt vom Training.

So sitzen also ein leicht angedüdelter Vollzeitphilosoph mit Hang zum Hardcore-Atheismus, ein passionierter Wurstfabrikant und ein frisch verliebter Einundzwanzigjähriger in Rennfahrermontur am Tisch und quälen sich durch ein so fleisch- wie humorloses Weihnachtsessen. Nora leidet. Wie jedes Jahr haben die drei Engel sich jeder auf seine Weise eine gute Ausrede überlegt, warum sie nach 22 Uhr dann doch (»tja, leider, leider unvermeidlich«) noch einmal wegmüssen.

Am Ende bleiben zwei Elternteilchen erschöpft am kulinarischen Schlachtfeld zurück, während ihnen plötzlich siedend heiß die Frage einfällt, wo eigentlich die beiden auf die neunzig zugehenden Omas seit dem Pseudohackbraten geblieben sind. Keine Frage, die haben sich ebenfalls längst abgesetzt – haben vermutlich jeweils einen Helm bekommen und sind nun mit einer Flasche Billig-Merlot im Tetrapak von der Tanke mit ihren drei Lieblingsenkeln zur nächsten Currywurst-Bude gefahren.

Vielleicht sollten wir nächstes Jahr einfach mal mitfahren. Können uns ja Essen für uns zwei von daheim mitnehmen. Und wenn einer der Jungs am Imbissstand fluchen sollte, die »Scheißpommes schmeckten, und zwar nach getrockneter Bergpaviankacke«, werden wir feierlich und wie aus einem Mund erklären: »›Scheiße‹ sagt man nicht, sonst fahren wir nach Hause!«

Und Kinder wie Omas werden heimlich denken: »Ja, dann fahrt halt.«

Eltern haften an ihren Kindern. Andersrum auch.

Jedenfalls hoffe ich das.

Constantin Gillies

Wickelpedia

Alles, was man(n) übers Vaterwerden wissen muss
Mit zahlreichen Illustrationen

ISBN 978-3-548-28195-7
www.ullstein-buchverlage.de

Wickelpedia ist das erste Handbuch, das sich an alle werdenden und frischgebackenen Väter richtet, die nicht nur das Wunder der Geburt interessiert, sondern auch, wie man zwischen Bäuerchen und Windelwechsel in Ruhe Fußball gucken kann. Die trotz Baby-Tragebeutel und Kinderwagen noch cool aussehen möchten. Kurzum: Die einfach wissen wollen, wie man einen Tag mit dem eigenen Kind übersteht. Die wichtigsten Überlebenstipps für junge Väter – witzig, prägnant und garantiert politisch unkorrekt.

»Ein erhellender Leitfaden, den jeder Vater gelesen haben sollte.« *Kölnische Rundschau*

US344